ビジネス心理学

Business Psychology

日本ビジネス心理学会副会長 匠英一 Takumi Eiichi

42の
具体例で学ぶ
顧客の心のつかみ方、
組織変革の促し方

はじめに

ビジネスにおいては実践の経験を経て初めて認識できる事柄や感情が多々あります。また、経験が本質的な理解を妨げる面も少なからずあります。今日ではこれまでのやり方を踏襲するだけでは、ビジネスを展開していくことはむずかしいのです。

これに対して、セブン&アイ・ホールディングスの鈴木敏文前会長は、「仮説検証」の考え方を唱え、それをスピード感をもって実践していました。

鈴木前会長はコンビニエンス業界を創出したことで知られていますが、セブン‐イレブン・ジャパンは「夏でもエアコンで冷えた部屋ならおでんを食べたいのでは？」といった仮説から新商品を開発することにより、同業他社を圧倒しています。鈴木前会長に小売業の経験がほとんどなかったことから、固定観念にとらわれることなく、仮説検証を徹底する姿勢を貫けたこと、また仮説検証をバックボーンとする心理学を以前から学んでいたことが、大きく影響しています。仮説検証と心理学は、強いつながりがあり、それは非常に重要なことなのです。

仮説検証の実践で必要とされるのは、一言でいえば「顧客理解」に尽きます。そこに心の問題が集約されているからです。そして、コンビニエンスストアのような革新的なビジネスを発想する源が、「心」というフィールドから始まったことに、私は注目しています。なぜなら、私の専門としてきた「認知科学」（思考・行動の総合科学）では、「仮説」と「理解」の二つのキーワードが、最新の理論として注目されてきているからです。

私たちは、こうした「心の科学」を「ビジネス心理学」として確立し、「認定ビジネス心理マスター」という資格検定を二〇一三年から開始しました。

ビジネス心理学は、主に次の四つの理論を柱に成り立っています。

・状況的認知論（Situated Cognition）…佐伯胖《ゆたか》（認知科学者）
・活動理論（Activity Theory）…ユーリア・エンゲストローム（社会学者）
・解決志向論（Solution Focus）…ミルトン・エリクソン（心理療法家）
・行動経済学（Behavioral Economics）…ダニエル・カーネマン（認知心理学者）

とりわけ、私の大学院当時のゼミの恩師でもある佐伯胖先生（元日本認知科学会会長）

は、認知科学の「第二の革命」として、状況的認知論と活動理論を高く評価しており、この分野の先駆者としても教育界で知られています。

また、解決志向論は原因探しに執着しない心理療法としてＮＬＰ（Neuro-Linguistic Programming：心理療法の一種）でコーチングにも利用されるようになってきています。とはいえ、ビジネス心理学の理論や実践での活用方法は、行動経済学を除けば、まだあまり知られていないことから、それがどのようなものか、本書を通じて少しでも理解いただければうれしいかぎりです。

本書は、第1章でビジネス心理学の原則を理解し、第2章はマーケティング分野、第3章はマネジメント分野での応用展開について解説をしています。また、検定教科書『ビジネス心理』（全三巻）にも準拠しており、企業の理念から顧客対応、目標設計、業務プロセスの改善まで、ビジネスを進めるなかで幅広く役立つように構成しました。

そこでは、個別ばらばらのノウハウ的なメソッドというよりも、その原理となる「メソドロジー」に重きをおいています。個々のメソッドの結び目となる原理が理解できれば、その結果として現場への応用もしやすくなると確信するからです。

本書の執筆にあたり、日本ビジネス心理学会の理事ほか多くの方から助言をいただきました。ここに御礼申し上げます。また妻と母の匠あさみ・えい子、義父母の田島大三・貞子に深く感謝いたします。

二〇一六年九月

匠　英一

目次

第2章　マーケティング心理

営業の心理

広告の心理

企画調査の心理

第3章　マネジメント心理

動機づけの心理

能力開発の心理

表紙カバーデザイン——斉藤重之

第1章

ビジネス心理学の原則

ビジネス心理学の原則1

「心（気持ち）が人を動かす」は本当か

「デートのときに、男性が進行方向の右側で女性が左にきて腕を組むのはどうしてか」

これは、私がテレビ番組に出演した際の問いですが、共演していたカウンセラーから「男性が女性を無意識に守りたいと思うためで、自分の心臓が左側にあるため大事な位置として左側で守ろうとするから」というコメントがありました。このような、人の行動についての見方で、どうも違うなと感じることがあります。

確かにデートでは、男性の八割ほどが左手で女性と手をつないでいるとの調査結果もあります。しかし、行動の具体的なプロセスを分析すると、まず女性が男性に右利きの腕を伸ばすパターンが多いことがわかります。それは、女性が腕を組みやすいように男性の左側にくるからです。つまり、手を組む行動を男性よりも女性が先に行なっていることが原因なのです。

ときどき、親しい関係の女性同士が手をつなぎあっているのを見かけますが、女性は普段から、男性より身体的な接触をしています。女性には先に腕を組んだりする傾向があるのです。

いずれにせよ、男性側の「守りたい無意識」が原因でないことは確かです。とすると、なぜカウンセラーは、「無意識」を使って説明をしてしまうのでしょうか。

それは、男性側が「女性を守る」という意図をもっていると、あらかじめ仮定しているからです。その「無意識」（無意識の仮定）に原因があるのです。そこには、「意図がないと行動はしないものだ」という思い込みがあります。これは人の行動の原因を「心に還元できるもの」と仮定しているためと考えられます。

無意識とは、ジークムント・フロイト（性の無意識説を提唱）やカール・ユング（集合的無意識を提唱）らによって、自覚できる意識とは独立して個人内に「存在するもの」と考えられました。**これに対してビジネス心理学では、人の思考や記憶、感情を、個人の心**

身（身体の役割も入る）と外部との相互作用として、あるいはそこでの行動を状況との関係性のなかで把握しようとします。こうした見方が、「状況的認知論」です。ある状況のなかでのモノや他者との相互作用によって、いかに人の心が制約され動かされているかを問題にするものです。

カウンセラーの誤解は、人の行動の原因を個人内部にある「心」がそうさせると、先入観でみてしまったことに原因があります。人の認識を枠づけるものは「メンタルモデル」といわれます。私たちは自らの状況を振り返り、そのなかで生まれる心の固定観念に気づくことが求められるのです。

ビジネス心理学の原則2

ストレス対策を組織の変革へつなげる

ストレス対策は企業にとって喫緊の課題であり、メンタルヘルス系の研修講師などが人気職種になってきているようですが、法律で定められたからとストレスチェック制度を導入しても、果たしてそれでストレス対策ができるのでしょうか。ここでは、ストレス対策について、ビジネス心理学的な方法と一般的な心理カウンセリングの手法がどう違うかをみてみましょう。

心理カウンセリングの理論は個人の「ケア」を中心とし、病を治すというマイナスからゼロへの心理手法です。**これに対してビジネス心理学は、個人の能力を向上させ組織の仕**

組みを「変革」していくものです。ここでいう仕組みには、物理的なものだけでなく、ルールやシステム等も含まれ、特にカイゼン（あえてカタカナで記載）的な行動がキーとなります。

それは、ビジネス心理学では変革のプロセス自体に、人の成長と学びの本質があると考えているためです。

たとえば同僚から、「チームリーダーへの怒りの感情が堂々巡りして眠れない」と相談されたときに、どんな解決案が考えられるでしょうか。

一つはすぐに原因を聞き、対処の方法を一緒に考えて、その原因を取り除くことをすすめるというもの。二つ目は、まず相手の話を聞いたあと、生活のなかにリラックスする時間や瞑想など精神を安定させるような行動（マインドフルネスという）をさせるもの。三つ目は、感情が堂々巡りになる前、最中、後の各時間のなかでポイントとなる改善行動を探し、その行動の習慣化をはかることがあげられます。

つまり、①原因分析的、②マインドフルネス的、③行動分析的、という三つの方法になります。ここではどれが正しいかという画一的な基準はありません。いずれのケースにも妥当な選択がありうるためです。

しかし、ビジネス心理学では、四つ目の選択肢として、もう一つ付け加えることができます。それは、チームメンバー同士の感謝カードによる交流の機会をつくるといった「仕組み」を設けることによりカイゼンをはかるというものです。**これは、個人的な問題は表面的な現象にすぎず、その根底には、互いの認識を歪めてしまう何らかの状況とプロセスがあると仮定するためです。**この場合でいえば、チームで本音を言ったり、感謝したりすることが少ないことが原因と推測されます。

目の前の個人の心の問題であれば、カウンセリングで十分です。しかしその抱えている個々の問題は、それを生み出す現場の仕組み、その組織のあり方を反映しているという見方が大事なのです。

ビジネス心理学の原則3

過去の原因を探さない解決志向の考え方

経験を認識したり記憶を思い出すには、過去から現在、そして未来へという流れが一般的です。たとえば、大人の女性とまともに話ができない男性がいたとすると、母親が何でも管理し育ててきたことが原因だと考えたりします。そうした過去から順にたどっていく思考の仕方をコーチングの相談などに適用することを、ビジネス心理学では「原因志向型コーチング」と呼びます。これは自然な思考の流れにみえますが、この方法では自分の過去の経験やその原因に捉われやすくなり、その結果、過去の延長でしか未来をみることができなくなります。

そこで逆に、未来から現在、そして過去の経験を見直すことが求められるようになります。未来のありたい姿から現在をみるようにする「解決志向型コーチング」への転換です。これは、現在の自己の行動を振り返り、そこにチャンスや可能性を見出すものです。これを応用した心理療法が一九九〇年代から注目されるようになりました。「ソリューション・フォーカスト・アプローチ」(Solution Focused Approach)と呼ばれ、コーチング分野でも注目されてきています。「解決志向法」と訳されるこの方法は、心の病を一ヵ月ほどで治す短期療法（ブリーフ・サイコセラピー）で効果をあげ、その後ビジネス分野での能力開発にも応用されるようになりました。

解決志向法は、原因をあれこれ聞く従来の手法とまったく異なります。この心理療法の天才ともいわれたミルトン・エリクソンの手法は、次のとおりです。

十分間タバコを吸わずにいると苦痛で死んでしまうというくらいのヘビースモーカーが相談に訪れたときのこと、エリクソンは普通のカウンセラーのように「なぜそんなにタバコを吸うのか」などとたずねたりしません。それどころか、エリクソンは話している途中で、急に履いているスリッパをポーンと飛ばしたりして相手（クライアント）をびっくりさせるのです。

実はエリクソンは、そのようにして相手の身体の動きのリズムに合わせながら、クライアントが手にタバコを持ち、口に触れようとするその瞬間に、気づかれないタイミングで吸わせないようにしていたのです。

相手の行動や言語をまねることによって好感をもたせ、説得力を増すことを「ミラーリング効果」といい、エリクソンはこれを催眠療法に取り入れました。そして、カウンセリング終了の時間になると、クライアントに「きょうは、これでおしまいです」と告げ、続けてこう言うのです。

「もう、一時間もたつのにタバコを吸わなくても平気でしたね。苦痛でしたか？」

相手は、そこで初めて自分が一時間タバコを吸わずにいた事実に気づき、またそれによって、「自分はタバコを吸わなければダメだ」と思い込んでいたことが幻想だったと理解します。「一時間吸わなくても平気だった」という小さな成功経験を、エリクソンはその場でつくったのです。

過去の問題の原因探しに執着するのではなく、成功経験を先に描いて、早い時期に小さな成功をつくることで、未来の解決への糸口をつかむ。これがビジネス心理学の「解決志向型コーチング」という目標づくりの基本的な考え方です。

ビジネス心理学の原則4

仕事の「成幸」をめざそう！

「あなたは日々の仕事を楽しいと思っていますか」

このような質問を世界中でしたところ、日本人は楽しいと思っている人の割合が先進国のなかで最低ランクとなりました。みなさんはどう感じていますか。今日、ビジネスの現場ではうつ対策に関心が集まっていますが、うつ対策以上にこの最低ランクが意味するものを根本から考える必要があるでしょう。

ビジネス心理学が軸とする価値観のひとつに、マイナスをゼロにするのではなく、プラスに転換する方法論（メソドロジー）があります。メソドロジーとは、ノウハウにすぎな

い個々のメソッド間をつなげる原理です。そこでのキーワードは「変革」「目標」「仕組み」です。この三つが意味するものこそが、ビジネス心理学のメソドロジーの核心です。

ビジネス心理学では、人の性格であれ環境であれ、生きている現実は変化し、それを後追いではなく「先取り」することで変革していく実践にこそ、人の「強み」と「知情意」の結合があるととらえています。

しかし、こういう反論もできます。「じっとしながら瞑想するなかでも人は成長し、幸せな感情をもてるではないか」。ダライ・ラマやヨガの熟練者、高僧などの脳をスキャンしたハーバード大学の研究結果などは、その事実を示しています。彼らの脳は、前頭葉前側部が瞑想などで活性化しやすく、嫌な音でわざと混乱を起こさせるような実験においても、驚異的速さでリラックス状態に戻せるというのです。その意味では、宗教自体が幸福感情を高める社会的な仕組みとみなすこともできます。

科学がこうした事実を否定する必要はありません。スピリチュアルや宗教も幸福状態をつくり出すリソースになるからです。ただし、その幸福感がすべての人に納得できればよいのですが、私たちの社会とのつながりを考慮せず、個人の幸福の精神面だけ切り離すわけにはいきません。**そこでビジネスを通じた「成功」と「幸せ」の二つを合わせたものを**

「成幸」と定義し、ビジネス心理学ではその実現をめざしています。

つまり、ビジネスで「成幸する」ために変革をするのです。変革すべきものは三つあり、それぞれのレベルを次のように仮定します。

一つは、一人ひとりの幸せです。自己が幸福になるためには現状を束縛するものを変える必要があります。一人ひとりがどんな固定観念をもち、なぜ認識の歪んだめがねをかけているのか。こうした自己の認識自体が問われます。これが自己変革の視点です。

二つ目は、組織です。組織はビジネスの基盤であり自己変革のリソースとなります。組織の変革なくして、新しいモノは開発できず人材も育てられません。これが「マネジメント心理」における組織変革の視点です。

三つ目は、顧客の存在です。顧客のいないビジネスは成立せず、また顧客はじっとしていません。マーケティングは変化を知る手段であって、変革した結果を評価し次の変革を知る方法ともいえます。これが「マーケティング心理」でいう顧客変革の視点です。

このようにビジネス心理学による変革とは、①自己変革、②組織変革、③顧客変革の三つを関連させながら成果を生み出していくものなのです。

ビジネス心理学の原則5

性格を意識し、周りの仕組みをカイゼン

いつも一貫した「自分らしさ」をもっていたいと、だれもが思っています。自己を成り立たせるものを心理学では「アイデンティティ」（自己同一性。エリック・エリクソン説）といいますが、この「自分らしさ」や「個性」とは、どのようなものなのでしょうか。心理学では、たとえば性格診断で個性を知ることも正しいとされています。適性診断なども同じような原理により構築されていますが、そもそもこの種の心理的な診断は本当に役に立つのでしょうか。

こうした疑問は、それを測る目安としての「指標」（基準）と関係しています。指標が

ないと、漠然とした違いはわかっても定量的な形で示すことができません。個性という場合には、普通とされる基準とどれだけズレがあるかによってわかるものだからです。では、「普通」とはいったいどうやって知るのでしょうか。

平均値のように多数を合わせて人数分で割り算すればよいのであれば、それも一つの方法です。ところが、人の心理や行動スタイルなどは、そう単純な話ではありません。個性は複数の要因から成り立つこと、他方で物差しにする基準を定めないと測ることができないというジレンマがあります。**そこで、人の心理の指標を定める概念として、さまざまな特性論（やさしいなど）やタイプ論（体型など）が生み出されてきました。**

しかし、たとえば自分の性格として内向的と外向的のどちらかを選択する場合、仮に内向的を選んだとしても何かしっくりこない面があるはずです。会社では内向的な面が強くても、友人同士では外向的な面が強かったり、その逆もあるからです。また、それらの特徴を合わせたものが性格全体を表わすものかは、むずかしいところです。

診断を開発してきた私自身も性格や能力の点数化に疑問を感じているため、それをカバーする別の方法と組み合わせるなど妥当性を探らざるをえません。そうなると、「性格」という評価自体が意味のないものではないか、とする理論も登場してきます。状況との相互作用によって性格や能力が変わるとみなす状況的認知論の考え方や、相手がだれかによって自分の振る舞いを選択しているという「交流分析」、言語と社会的な要因を組み合わせるという「社会構成理論」などが、その代表例です。

性格を知るための診断は使い方と目的がしっかり把握されるなら、有効なものであるはずです。そして、それが有効となる条件は、固定的な性格の「メンタルモデル」（認識の枠組みで「スキーマ」ともいう）を崩すことにあるともいえます。**性格を固定したものとしてではなく、現在の自分の生活や仕事に応じて変化するとみなすような視点が大事だからです。**

そのために、自分の性格を意識することによって、その土台となる周りの仕組みや制度に注目するのです。それがビジネス心理学の特徴ともなります。個人の内面だけを考える発想とは逆で、現在自分がいる外部環境（仕組みや制度）をどうカイゼンしていくか、その手がかりとして性格診断を利用していく。そう考えるなら、診断自体を固定化する必要もないわけです。

性格診断は心理学の領域によって定義も異なりますが、どの面を理解したいかによって多様性があってよいといえるでしょう。

ビジネス心理学の原則6

なぜ時間感覚は年齢に応じて変わるのか

ドラッカーはマネジメントの基本がタイムマネジメントにあると言っています。その真意はどこにあるのでしょうか。心理学からみても大変興味深い話です。

ここでキーワードになるのが「時間密度」です。私たちのもつ時間はみな等しく、二十四時間を超えて一日を使うことはできません。そのときにどれだけ一時間を集中した濃い質のものにできるか。それは、時間のノウハウ的な利用法を超えたテーマといえます。

たとえば、ポジティブ心理学者として有名なミハイ・チクセントミハイは、何か得意なことに没頭している状態が、人の成長と幸福には不可欠としています。これを「フロー」と称し、その時間が人生で長いほど幸福だと考えました。ギャンブルで勝つおもしろさや快感とは異なり、苦しくともフローになっている場合が多くあります。険しい山に登っているときや、期末の追い込みで営業回りをしているときなどでも、自分の能力より少し高い目標をめざしているときが最高のフローになるというのです。

そこで、フローとなるような状態をどう日常の仕事の流れにしていくかが重要になってきます。それが「時間密度」を上げるという意味です。たとえば私は、タイムマネジメントの入門研修を次のような方法で実施しています。

①現状把握化：実際の仕事の流れを一週間分の時系列の表にまとめる
②断捨離化：長期的な価値に即していない余分なもので、捨てられるものを整理する
③時間セット化：類似のコマ切れの仕事内容は一つにまとめる
④重点活動化：まとめた仕事の塊のなかから成幸度の高い活動を選ぶ

まず捨てるものをはっきりさせ、次にコマ切れの時間を連結集中させ、成幸の時間帯を増やすというものです。そうするためには、時間の全体的な使い方がどうなっているかを最初にマップや表にします。それが「時間の見える化」です。ただしこれは、入門レベル

の時間の計画化です。

そこで次に、ビジネス心理学による時間密度を上げるトレーニング法を紹介します。

歳を重ねるに従い時間感覚が短くなる経験はだれもがしているはずです。小学生の頃の一日は、大人の感覚と比べて二倍くらいは長く感じていたのではないでしょうか。授業の合い間の休憩時間も、大人にはあっという間の十分を、子どもはもっと長く感じています。こうした時間感覚の年齢段階における違いは、どのように説明できるでしょうか。

まず、生理的な違いがあります。哺乳類の呼吸間隔は体重の四分の一乗に比例するといわれ（約一・四倍）、呼吸間隔の長さによって時間の感じ方が異なります。それゆえ生物的身体の大きさに比例して時間の感じ方が異なり、同じ一日でも象は短く感じ、ねずみは長く感じるのです。

こうしたことは、時間密度を考えるうえでも影響してきます。たとえば会議の司会を務めるときに、メンバーが若手であれば、短めに話さないと参加者からは冗長と思われます。一般にシニア世代の挨拶が長いと言われるのは、本人は若い頃の感覚のままで話しているからです。そのため、トークを求められた際は、年齢によって感じる時間の密度が生理的に違うことを意識して話す必要があります。これは、何かに集中しているときに時間を短く感じる感覚とも、錯覚とも違うものです。

そこでまずは、時間密度の変化を把握する力（時間の「メタ認知」といわれ、時間を客観的に把握し認識すること）を習得します。このトレーニングは年齢層の違う人とペアを組むといっそう効果的で、互いの比較により認識を深めることができます。

たとえば、一冊の本を決めて同じページを三分間、時計を見ずに音読してもらいます。ヤングとシニアで、どれだけ三分に近づけられたかを数回やって競うのです。単に三分間を心の中で測るのではなく、何か作業をしているほうがよいでしょう。これができるようになると、長い挨拶をすることがなくなります。自己の能力をどこにどれだけ投入するかの判断がつくからです。

こうしてみると、年齢が高いと損をするように思うかもしれませんが、病気の際の苦痛な時間も短く感じ、死を恐れる時間も短くなってくるというメリットもあります。いかに楽に死ねるかまで考えて人が創られているかと思うと、自然の不思議さに感銘を覚えます。

ビジネス心理学の原則7

「状況に埋め込まれた記憶」とは？

仕事の現場はそこで使う独特の道具や仕組み、システム、商品、部品、廃棄物といったモノの集合体です。これらのモノ群ともいえる「状況」の、記憶力に与える影響や重要性がわかってきています。一九八〇年代までの心理学ではこのような見方はほとんどなく、記憶については、いわば空白の場にいる人を対象に、実験室のなかだけで単語暗記率などについて研究していました。

たとえば、記憶は浅い処理か深い処理かといった努力の仕方で変わるとする「処理水準説」や、覚えたことがどれだけあとで自覚できるかをチェックしたエビングハウスの「記憶忘却曲線」などがよく知られています。そこでの記憶力とは、脳を外部情報を処理するコンピュータに見立てる考え方がベースになっています。これは情報処理の心理学として認知心理学の流れとなったものですが、そこでは状況のもつ影響力が見逃されていました。

状況という課題に取り組んできたのが、認知科学の第二の革命ともいわれ、一九九〇年代以降から始まる状況的認知論や「Activity 理論」（活動理論ともいう）です。これらは、人類学や民族学のエスノメソドロジーなどの成果を取り入れながら、感情がともなう場面や、他者と共有化された記憶現象といったリアルな現場の記憶能力に注目するものです。

ここで、次のような私の体験例で考えてみましょう。

私は学生時代に、三十名ほど入る洋食レストランでアルバイトをしていました。そこでは、先輩のウェイターが昼食時にやってくるお客様の注文を次から次へと受けていました。料理名も省略形が多く、「〇〇パフェーサンツー」とコトバで交わすのですが、新人の私には語尾の「サンツー」（三個追加）がわかりません。注文のメモを取るのに精一杯で、一度に料理名を何種類も言われたりするとパニックに陥ります。しかし先輩ウェイターらはメモもせず、コックも「ハイよ、フタ〇〇四追《ヨンツー》ね」といったコトバのやり取りをしながら、注文された料理を入れる皿やカップを棚に置いていきます。これらはすべてリズミカルな動きで、新米の私は戸惑うばかりで自分の記憶力の悪さにかなり悩まされましたが、その場に慣れるにつれてできるようになっていったのでした。

実はそれが記憶自体の能力ではないことに気づいたのは、認知科学を学ぶようになってからです。これが、現場という状況の力による記憶力だったのです。

状況的認知論として注目された「状況に埋め込まれた記憶」とは、この例のようにモノと人との相互作用に焦点を当てるものです。コックの記憶力は注文されたコトバの暗記力ではなく、その料理名と関連する皿などの「モノを先に置く」という構成の仕方にあります。入れるモノを見れば、何の料理か確認できて忘れないからです。また、料理名の略語は単語の意味をユニット化するため、三個追加を「サンツー」にするなど記憶の負担を半減しているのです。

そのようにして、コックは記憶負担を減らすために、自分のいる厨房周りのモノの環境をうまく再構成しているのです。ここの「構成」が、状況の力を意味する内容なのです。

私たちが何かを覚えるときには、学校での学習に代表されるように、空白のなかで記憶するのではなく、日常のなかで自らの周りの状況をモノとの関係で再構成する形で記憶していると考えられます。こうした記憶についての新たな研究成果は、ビジネスの商品開発の分野でも応用が広がってきています。

たとえば、ドナルド・ノーマンは、この種の記憶や認知現象について世界中で調査したことで知られます。その調査とは、住み慣れた家という「状況」のなかで、家電商品を人がどんなふうに使用しているかを動画観察しながら調べるというものでした。すると、冷蔵庫では「冷やす」という通常の目的とは別に、その扉にメモやスケジュール表を貼って、家族間で情報をお互いに確認する「場」にしていることがわかりました。そこから、ノーマンらは冷蔵庫の扉に情報機能を取りつける必要性を発見したのでした。

ビジネス心理学の原則8

モノが誘発する「行為」の心理効果

百キロの重さの鉄と綿が目の前に置かれていたとします。このとき、人はなんとなく鉄の塊を重く感じたりします。頭では同じ質量なので同じ重さだとわかっていても、なぜ鉄と綿とでは重さの感じ方に差が出るのでしょうか。

この、なんとなくという身体動作を呼び起こす働きが、認知心理学で「アフォーダンス」(affordance) と呼ばれるものです。モノや物理環境が人に何かの行為を誘発させる働きがあることを意味する造語です。

たとえば、平らな板の下に四本の足が付いていれば、机か椅子だとみなします。その高さが膝下ぐらいなら、それは机ではなく、座るという行為を誘発するモノ、つまり椅子とみなします。その物理的な形に、人が意識せずに何かの行為をとるようにさせる作用があるのです。そのような意識しない誘発行為がアフォーダンスです。

これは、人がもつモノに対する接し方（行為）や感じ方には、ある特定のパターンがあることに注目した見方ともいえます。

八百屋で特売のリンゴが山形に積み上げられていると触ってみたくなりますが、それもアフォーダンスです。ほかにも、ディスカウントストアのドン・キホーテなどであえて商品を雑然とした形で高く積み上げて「探す」行為を誘発する例や、ショーウインドウに置かれたカシミア製のベージュのコートが高級感を醸し出し、触ってみたくなる「行為」を引き出すのも一つの例です。

このようなモノの物理的な形が、その意味以上のものを人に与え「自動的な行為」を引き出す点に注目してみると、売り場や商品ディスプレイ、棚割りの仕方にもまだまだ考える余地がありそうです。

チラリズムも人の見たい欲望をかきたてるものですが、あえて何かを見えないようにするのがそのポイントです。ロシアのマトリョーシュカ人形のような、外から内へと中に隠された小さな人形が何かが最後までわからないので知りたくなるような工夫は、ちょっとしたゲーム感覚に近く、だれもが楽しめるアフォーダンスの応用だからです。

これをたとえば、棚割りの店舗デザインに応用するとどうなるでしょうか。「棚の後ろ側にも何かありそうな隠れ棚が…」、こんなお店があったら、きっとワクワクすることでしょう。

こうしたアフォーダンスの視点から購買プロセスを考えると、店舗での合理的な仕掛けは、たとえ便利であっても考えものかもしれません。整然と並べるやり方が、場合によっては顧客の買う楽しみを半減させている面もあるからです。むしろ、モノが人の行為を誘発する視点に立てば、もっと全体の形や置き方に工夫が必要です。そこにどんなチラリズムをつくるのか、どんな行為を誘発させるのか、その心理効果を知れば売り方の発想転換も生まれるのではないでしょうか。

第2章

マーケティング心理

販売の心理1

「欲求段階」に応じた接客

消費者の行動をみると高年齢になるにつれて〝ついで買い〟（クロス・セリング）が少なくなっていきます。また、欲しいものをほぼ持っていると、商品が多品種になり溢れている今日のような状態では、どれも同じにみえて商品に魅力を感じなくなります。

そのような状況の中での販売のポイントとなるのが、「欲求段階」（アブラハム・マズローが提唱）に応じた商品・サービスの提供です。生存のための基本的欲求である「生理的欲求」から自己の変身願望を満たすような「自己実現欲求」までの五段階論はよく知られています。

お客様はどの欲求段階のものにサイフを開くのか。それは、単に価格が安い、高いということではなく、いかにお得感が感じられるかの「心理的サイフ」（心の中に買う領域について複数のサイフを持つこと）が問題なのです。

そこで、具体的な接客場面をみてみましょう。

アパレルショップに、太りぎみな体型に悩む主婦が来店しました。どのように購入を促すかを二つの例で表わしました。

お客様…お腹周りの裾がもう少し長いといいわね。これだと、ちょっと短すぎて…

〔失敗例〕

店員A…ではこちらなど、いかがでしょう？　ウエストにタックを取り、裾も長いデザインですのでよろしいかと

お客様…そうね〜、確かに裾はいいかもしれないけれど、まだ感じが合わないわねぇ

〔成功例〕

店員B…スカートと上着のバランスがスマートさのポイントなんです。ロングスカートと組み合わせますと、こんな感じで全体がほっそり見えますよね

お客様…そうだわね〜、上下のバランスなのね。これセットでもらえるかしら？

この事例で成否を分けたのは、ファッションに対する見方の転換をはかることができるか、すなわちメンタルモデルに気づかせることができるかなのです。

店員Aは、お客様の要望を受けて対応したようにみえますが、お客様の言葉どおりに理解しているにすぎません。お客様は服を選ぶ際に、自分が気にしている裾（部分）にばかり目がいき、全体のスタイルやバランスを見ることができずにいる点に気づいていません。

これに対して店員Bは、上下セットでの販売に成功しています。それは店員Bがお客様の体型も考慮したうえで「上下のバランス」という見方（メンタルモデル）を提案しているからです。

つまりお客様の、スマートでありたいという自己実現の欲求に応える見方を示すことで、部分的な目線を全体的な視点へと発想を転換したことが、成否を分けたといえるでしょう。

販売の心理2

顧客満足を生む「期待マネジメント」

クレーム客への対応について、顧客が何を期待しているかという視点から考えてみましょう。

ある日曜日、中年サラリーマンの田中さんが近くのスーパーでレジに並んでいたときのことです。店員は、田中さんの前のお客様の商品はレジ袋に詰めたのに、彼には、ただ袋を渡しただけでした。田中さんは、おもしろくありません。そこで、「後ろに客が並んでいるわけでもないのに、これはどういうことか」と強い口調で店員に問いました。

店員は「当店では、袋詰めはセルフが基本でして…」と説明しましたが、田中さんは納得できません。前にいたお客様は同じような年齢の背広姿の人でしたが、田中さんはそのとき、短パンのカジュアルな服だったのです。それで、なんとなく差別をされたように感じたのかもしれませんが、怒りはおさまりません。田中さんは、その場で買い物をやめて商品を返し、店員への怒りの言葉を投げつけながら帰ってしまいました。

おそらく店員はその紳士客へのちょっとした気遣いから袋詰めをしたと考えられます。これは好意であって義務ではないことも確かです。問題はその行動自体の是非ではなく、それがほかのお客様にどういう印象や感情を生むか、その状況を考えなかったことです。

ここで「顧客満足度」とは、顧客の初期期待とその後の結果のギャップの大きさだということを理解しておきましょう。顧客満足は、購入の際に最初にどんな「期待」をしていたか、そして買ったあとにその期待が満たされた程度とのギャップによって決まるのです。初期期待にプラスαなら満足に、マイナスなら不満足となります。

そのため、初期の期待をいかに把握しマネジメントできるようにするかの「期待マネジメント」が顧客満足度を向上させる核心といえるでしょう。

期待マネジメントの観点からは、期待を過度に膨らませるような営業トークは、その場では購入に結びつくものであっても、あまりしないほうがよいといえます。なぜならあとの満足度を下げる要因になるからです。

ある大手コンサルタントのメンバー（田口さん）とメーカーの役員、そして私がシステム提案である会社を訪れた際の例で説明しましょう。

私は「このシステム導入により御社にこんなメリットがある…」と強調したのですが、技術者でもある田口さんは、「リスクがこんなにあって…」とデメリットを話すのです。そんなにデメリットを伝えて大丈夫かとも思いましたが、クライアント側の担当はいろいろ質問してきます。心配だから当然、「なぜか」という突っ込んだ説明も求められます。田口さんは丁寧に応えた結果、信頼され、それが高い評価につながりました。その後の第三者機関の調査により、クライアントはシステム受注にたいへん満足してくれたことがわかりましたが、ここに期待マネジメントのポイントがあるといえます。

営業では一般に商品・サービスのメリットを強調すればよいと思われています。これは営業のメンタルモデルともいえますが、逆に意識的に悪い面も伝える姿勢を示すことで信頼性のアップをはかるのです。

こうした営業のテクニックは、心理学の「二面呈示」を応用しています。良い面だけでなく悪い面も示すことにより、長期的な信頼獲得につなげられるのです。

なぜかといえば、仮にあとから悪い評判を耳にしても、すでにデメリットを聞いている顧客なら、そうした評判に影響されない、いわゆる免疫をつくる効果があるからです。

さらに二面呈示は、顧客側に質問しやすい状況をつくり出します。こんなデメリットがあると言われると、なぜ？　と自然に質問が出てくるからです。メリットの話だけではこうはいきません。大方がどこかで聞いているような内容でもあり、そんなものかといった感じで聞き流してしまいます。疑問が具体的に思い浮かばないからです。

質問することがないと、顧客は説得されまいとする「心理的リアクタンス」をもちやすくなります。それゆえ、その場で仮に説得されたとしても、あとから、何か騙されているような感覚をもつことも多いのです。

そのため、心理的リアクタンスをいかに減らすかが顧客満足度の高い営業の条件になります。理想をいえば、その心理的リアクタンスがゼロになることがベストです。すなわち、顧客側が自分で自分を説得するようにすることが最良の営業スタイルなのです。

では、そのような営業スタイルはどうしたら実現できるのでしょうか。私が調査した例に、アムウェイの事例があります。

同社は、ネットワークビジネスという営業販売員の人脈を通じた商品販売を行なっていますが、営業販売員のなかには、一般的な会社員の倍以上もの収入がある人がいるそうです。そこで営業ノウハウを調べてみると、販売員自身は商材の説明を詳しくしていません。売り込む行為をせずになぜ売れるのかと不思議に思いますが、そこには売れる仕組みがあるのです。

営業で優先すべきは、その場でどう売るかではなく、セミナーや商品を利用した料理教室などのイベントにまず来てもらうことなのです。イベント会場では、サプリメントでこれだけ体調がよくなったなどの話が飛び、その商品に満足しているイメージ（成功者イメージ）をもつ機会になります。

つまり、成功者の体験に感動してもらう「経験価値」を優先する戦略です。上手な営業販売員は、このセミナーに来させるノウハウをもっているということができます。

販売員たちが、参加者を最初から説得しようと思っていないため、聞く側（参加者）にも心理的リアクタンスが生まれません。そして参加者として話をする販売員側も、だれかに貢献しているという自己実現型の欲求を満たすことができます。そこでは、あくまで話し手に焦点を当て、商品はむしろ影のサポート役なのです。

セミナーなどのイベントでは、会場での話し手のイメージが決定的に重要なものとなり、そこに成功している人が登場すれば結果として、「話し手のプラスイメージ」が「商品イメージ」と重なることになるわけです。これは、良い印象がほかにも影響する「ハロー効果」につながるものです。

しかも、すぐ目の前にその人がおり、周りの人もみな、感動しています。そこには、みんなと同じという感情（同調効果）も重なって、より大きな効果が生まれます。これらの理由により、二重に人の心理をうまく活用した営業スタイルだといえるでしょう。

販売の心理3

メニュー虚偽表示にみる「役割意識」

有名ホテルや百貨店がメニューや商品表示を偽装していたことが大きな問題となったことがあります。そこには、顧客満足度ナンバー1とも称される世界的なホテルなどの名も連なっていたため、業界そのものへの不信感ともなりました。これは、値段の安いものに切り替えた時点で、表示を変えるべきだったにもかかわらず、それをしなかった事実が問題なのです。

イセエビと思ってホテルで食べたものが、半値以下の別のエビだったと知ったときの反応は、自分に置き換えれば予想できそうなものです。しかしそれが何年も放置されてきたというのですから驚きです。そこにはどんな心理が働いていたのか、顧客軽視と片づける前に少し考えてみましょう。

まず、食材やサービス内容の「表示」が、つくり手側（コックなど）の現場ではさほど気にされずにいたことがわかります。これは顧客軽視という一般的な問題ではありません。結果としては顧客軽視ですが、それに至る背景を全体としてみると、日常の仕事が分断された作業になっていること、言い換えると、つくり手当人の役割意識が「つくる作業」にしかなかったことが根本の要因といえるのです。

つまり、適切にサービス内容を表示することは、つくり手側には自分の役割とは意識されておらず、それは自分以外の販売・営業担当の仕事とみなされていたのです。だからホテルのコックたちにすれば、非難を受けたことに不本意な気持ちでいっぱいだったはずです。お客様においしく召し上がってもらう仕事にこれだけ頑張ってきたのに…という思いがあるからです。

こうしたことを改善するには、よくある顧客満足を大事にするといった研修などでは、ほとんど効果がありません。喉元過ぎればまた繰り返される問題だからです。

心理学は「心を変える」ことを優先すると思われがちですが、それは違います。誤った

「心」を変えることができるのは、上から注意したり心構えを教えたりすることではないからです。ビジネス心理学の観点からすると、日常の行動自体をどうするか、すなわち誤った行動を矯正せざるをえない仕組みに注目するのです。

ここで優先すべきは、適切な表示をするよう「行動を変える」ことになります。より正確にいえば、自分の役割としての行動を変えるのです。それは、その仕事内容にふさわしい手段を仕組みとして考えることでもあります。

ヤマト運輸が運転手に「セールスドライバー」の名称を与えたり、ディズニーリゾートでは来場者を迎える従業員を「キャスト」と呼ぶなど、その役割と行動を変えたことが、成功例としてあげられます。

つまり、お客様の期待に応えるにふさわしい役割を行動として示す名称を、現場の人に与える仕組みをつくる。それによって、名実ともに自らのすべき仕事を明確にし、それを日常の行動にしていく。そうした従業員側の役割行動をマネジメントすることに本当の解決があるといえるでしょう。

販売の心理4

なぜ、つい買ってしまうのか

モノを買うときに、女性はあれこれ散策しながらショッピングの経験そのものを楽しむのに対し、男性は最初に計画したモノを買ったらすぐに帰ってしまう「目的買い」がほとんどです。「ついで買い」をほとんどしない男性には、モノを薦めても効果的でないのは当然かもしれません。

ところが、男性でもつい買ってしまった経験はだれにでもあるものです。

たとえば、ビジネス用の背広を買いにいったものの、同じような色合いや型しかなく、決め手となるものがないとき。あなたならどうするでしょうか。

できる販売員なら、試着室で迷うお客様の鏡に映る姿をちらりと見ながら、すぐにその服に合うネクタイを持ってきます。そして、「ほら、こんなネクタイをするとお顔がひきしまった感じになりますね！」と一言添えながら、ポーズを変えさせて鏡に映るお客様にその見栄えを感じさせます。たいてい、その場合のネクタイは高級なもので、背広によく似合う色合いやデザインです。そのため、単体では標準レベルの背広であっても、ネクタイのイメージに引きずられて何か高級そうに感じられるのです。

これは、ネクタイが背広の購買動機の「心理的アンカー」になっている例ですが、思考や行動の変化を起こすきっかけという心理的アンカーの効果をよく知っている販売員は、お客様が買いたいと思っていたモノだけを単品で売るようなことはしません。当然、セット販売や関連する商品などを同時に販売するクロス・セリングといったことで売上げを伸ばしています。

そもそも、背広などは同じようなものがほとんどで、その違いはよく目を凝らさないとわからないほどです。そのような商品を差別化するポイントは、販売の現場にいる側の「お薦めの仕方」にあるのです。

まず注意したいのは、男性は細かな違いを見分ける能力が低いということです。残念ながら、そのような能力やセンスをもち合わせていないのです。**この鈍感さの特性は、顔の表情の差異を判断させる心理実験でも示されており、女性に比べ男性は二五％も劣ることがわかっています。**

つまり、男性に何かを薦めようとするなら、外見での違いを明確に感じさせる工夫が必要なのです。そこで、お客様の購買目的の服とは別のアイテムであるネクタイを組み合わせて着てもらうことで、その全体イメージを変えたわけです。

このような心理効果は、認知心理学者のダニエル・カーネマンが二〇〇二年にノーベル経済学賞を受けて以来、行動経済学という学問体系として世に知られることになりました。それは実際に売り場で働く人の心理分析をベースにした「損得の科学」であり、プロスペクト理論ともいわれるものです。このプロスペクト理論とは、日常の行動で人が不合理な選択をしていることを示すものです。

ある健康食品Mのキャッチコピーを比較してみてください。

・もしMを毎日食べれば、八〇％の人の血圧が下がります！

・もしMを毎日食べれば、二〇％の人の血圧が上がります！

両者は表現を変えているだけで、選択肢が血圧が上がるか下がるかだけだとすれば、意味するところは同じです。ところが前者のほうが明らかに血圧抑制に効果がある食品という印象を与えます。

行動経済学では、こうした表現のもつ意味の転換を数多く調べ、それを「フレーミング効果」と呼んでいます。少し表現の仕方を変えるだけで内容も変わったように感じてしまうのは、判断の基準となるフレームの違いだとみなすものです。これは、人が何かを判断する際には、依拠する枠組みや目安を必要とすることにもとづいています。

この「フレーム」は、認識の枠組みとしてのメンタルモデルと、心理用語としてはよく似た意味のものです。いずれも、状況に制約された認識や意思決定を自動的に（意識することなく）していることを表わしています。

販売の心理5

商品の選択肢が多いと売れないワケ

商品の品揃えが多いことは、商売として本当に良いことなのでしょうか。まず、この常識から疑ってみましょう。

確かに多くの選択肢があると、そのなかから良いものを選べると思う傾向があります。

しかし、最近の購買心理の調査によると、選択肢が多いことは好まれるものの、それが必ずしも実際の購買行動にはつながっていないことがわかってきました。この検証例をシーナ・アイエンガー（コロンビア大学教授）は『選択の科学』でも紹介しています。

アメリカのスーパーマーケットで行なった実験です。ジャムの試食コーナーをつくり、六種類並べた場合と二十四種類並べた場合の二つで、それがどう売上げにつながるかを比較しました。店員が試食コーナーの前を通るお客様に試食を薦め、コーナーに寄っていく客数と、そこから実際にジャムを買った客数を検証したのです。

その結果、試食コーナーに立ち寄ったのは、二十四種類のほうが二百四十二人中、百四十五人で約六〇％、もう一方の六種類では二百六十人中、百四人で四〇％となりました。これは、選択肢が多いほうが好感をもたれたことを示すものです。

ところが、立ち寄って現実に購入した人の割合はどうかというと、二十四種類のほうは百四十五人中わずか四人の約三％にとどまり、六種類のほうが百四人中、三十一人と約三〇％もいたのです。しかも購入者のうち、六種類のケースのほうが、買ったジャムに対する満足度も高いことがわかりました。

このことからアイエンガーは、選択肢が多すぎると、迷う感情が商品購入を避ける結果を生み出すこと、そして選択がされても低い満足度に終わるリスクもあることを実証したといえます。これを心理学では「選択のオーバーロード現象」と呼びますが、選択肢の数をいかに絞り込むか、それが売上げに予想以上の影響を及ぼすことがわかりました。

では、現場ではどのように商品の絞り込みをすればよいでしょうか。

そのポイントは、お客様が選択行動をとる空間（広さ）と時間（滞在）の二つの軸を踏まえて、最適な数を決めることです。先ほどの試食コーナーは、数平方メートルの狭い空間で滞在時間も数分以内の短いものでしたので、そこに二十種類を超える選択肢があると、お客様は選択判断に負担を感じてしまうと考えられるわけです。

その場で判断してもらいやすい品揃えとは、立ち止まって視界に入る数、すなわち手にとって試す数が五個程度というのが理想です。私がアパレルショップを調査したケースでも、優良店ほど視界に入りやすい位置に数点だけを目立たせるように展示していました。

こうしたことから、購買行動を促すのは、品揃えの数ではなく、その配置の仕方であり、お客様が選択しやすいメリハリのある配列をすることが重要だといえます。

販売の心理6

買い手の心のバランスに働きかける

アメリカのマクドナルドが、ヘルシー志向のニーズを受けて、一部店舗で実験的に野菜を用いたメニューを増やしました。結果はというと、確かに野菜を使用した商品のオーダーは増えたのですが、それ以上に脂肪分の多いバーガー類が同時購買で売れたというのです。なぜ、ヘルシー志向のニーズ対策にもかかわらず、意図に反した消費行動が生まれたのでしょうか。

その理由は、野菜という「安全策」を少し多めに摂ることで、いつもより多く食べても大丈夫という安心感が生まれたことにあり、その結果、バーガー類が売れるという矛盾した消費行動になったと考えられます。

実はこの原理は、ダイエットをすると決めても成功する人がほとんどいないのと同じ理由です。ダイエットに失敗する人の多くは、運動量を少し増やしたことで安心してしまい、日常の食事の量が増えてしまうのです。ダイエットをしているというプラス感情がほかの不健康な行動を打ち消し、反省するどころか、むしろ自分で正当化する根拠にしてしまうのです。

別のたとえでいえば、日頃は世のため人のために政治をしている国会議員が、一方で金銭の授受など悪事を犯してしまうことがあるのと同じ心の原理かもしれません。ここまで極端でなくとも、こうした自己正当化には認識の歪みがあり、たとえば食後に少し皿洗いをする程度で、家事を手伝っていると思い込む夫のように、広く一般にみられます。

私たちは日常の行動において自分自身気づかないうちに自分の都合のよい論理で、「バランス」を考えています。そして、プラスのことを少しでもすれば、マイナスを少しぐらいやっても大丈夫だろうといった考え方をしがちです。そこにはプラスの部分に注ぐ精神的な努力が大きいために、そのアンバランスに気づかないという問題が隠れています。そして、これらの考え方はマクロなメンタルモデルとみなせるものです。

こうした行動は、商品を購入する側からみると、自己正当化をしている点で問題がありそうです。しかし、このバランスというメンタルモデルは、販売上はとても有効なセット販売、クロス・セリングのリソースとすることができます。

一例として、黒ウーロン茶とハム、歩数計とビールなどのセットがあげられます。これらはプラスとマイナスに相当するものですが、バランスを自覚させることで、メタボの人の購入意欲を高めることをねらっています。おそらく、買い手はなんとなくバランスがよいと考えるのではないでしょうか。最近では、「自分へのご褒美」というコンセプトを重視している企業も見受けられます。小さな贅沢感を訴求することで、日常の苦労に対する心のバランスをうまく取り込んだ方法です。

いずれにしても、人はだれしも自分にプライドをもち自己の欲求をコントロールしたいと思っています。プラスとマイナスの両面をもつ商品を売るときに、その感情を満たすにはどうするのか。ハンバーガーをもっとではなく、野菜を少し追加する。このバランス式の発想により、長期的な売上げに貢献できることが重要なのです。

このような顧客の感情のバランスをとるような手法は今後、販売・営業へ応用できるものとして、さらに注目されることでしょう。

サービスの心理1

店舗のブランドイメージの心理効果

コンビニエンスストアでは人を惹きつける工夫が随所にみられます。雑誌の置き方もそのひとつです。若者らは当然のように漫画を立ち読みしています。マンガ世代の若者にとっては、この場で読むことがコンビニエンスストアにくる理由にもなっているのでしょう。

一方で、立ち読みができないようテープを貼っている店舗もあります。この違いがもたらす効果は何でしょうか。

立ち読みを可とする店側のメリットは、内容が読めるため納得のいく購入を促進できることと、「ついで買い」の売上げが期待できることです。連載だけ読んでしまって雑誌を買わない場合があるかもしれませんが、ついでにおにぎりを買っていくことも見込まれます。デメリットは立ち読みで通路がふさがれたり、本が汚されたりして、ほかのお客様への弊害を生みだすおそれがあることです。

立ち読みを不可とする店では、このデメリットをむしろ重視しているわけです。また本部の企業側には、テープを巻いたりカバーをつけたりする作業コストが発生します。では、お客様の心理面にはどのような影響があるのでしょうか。

本を閉じた形で販売すると、内容を確かめて買うことができない不満足感が生じることはどうしても避けられません。それが購入動機を下げて本の売上げ減につながります。また、中を読めないとそのお客様の店舗内の滞在時間が短くなります。ただし、買い物をする時間自体が減るわけではありません。

また、立ち読みしないお客様にとっては、立ち読みは通路の邪魔な存在でしかなく、マナーの悪い客に気分が害されたりもするので、一般客の心理も考慮する必要があります。なぜなら、清潔、品質、利便性、時間短縮といったコンビニエンスストア本来の価値が店舗のブランドイメージに反映されるからです。

つまり、立ち読みを不可とする店では、立ち読み客による売上げよりも自社のブランドイメージを大切に考えているのです。

店舗のブランドイメージは、個々の商品ブランドとも関連することがわかっています。それを顧客戦略としてみると、立ち読み客を排除することによって、自社ブランドの価値を守ると言い換えることもできます。立ち読み客の満足度よりも、より広い客層の購入体験を快適なものとし、そこでのイメージを下げない戦略をとっているのです。近年、自社開発の商品（プライベート・ブランド）が増えているのは、ブランドイメージの構築と深く結びついているのです。

なお、こうした顧客戦略は遊園地などでも重視されており、家族で楽しむ場での飲酒はしないというコンセプトにより、園内での酒類の販売を一部店舗に限定したりしています。この方策により、酔っ払いが絡む事件を避けることもできて安心、安全というブランドイメージが守られることにもつながっています。

サービスの心理2

「匂い」が購買意欲を刺激する？

コンビニエンスストアに行くと、レジで待つ間におでんの匂いがするので、つい買ってしまう。そんなついで買いの経験には、人の動機づけにとってもっとも原始的ではあるけれど抗しがたい要因が認められます。それが、五感のひとつでもある「嗅覚」です。

嗅覚はこれまで、心理学的観点からはあまり重要視されてきませんでした。しかしアメリカの医学系研究者アラン・ハーシュの実験では、ラスベガスのスロットマシンがある店で、ペパーミントなどの心地よい香りが感じられるようにしたところ、四五％も売上げがアップしたというのです。これは爽やかな香りが脳に直接影響して、セロトニン（幸せ感情を生む神経伝達物質）などが増えることから購買意欲が向上したものと考えられます。

アメリカの嗅覚研究で知られるロバート・バロンらの調査でも、匂いの影響が認められています。お菓子の匂いのする店とそうでない店とで両替を頼み、その対応を比較したところ、お菓子の匂いのする店のほうが、男性店員では二・五倍、女性店員では四倍もの承諾率になったというのです。

こうした実験で興味深いのは、当人たちは匂いによって自分の行動が影響されたとはまったく思ってもいないことでした。そこが匂いの感じられる場であるという意識もそれほどなかったのです。このことから、嗅覚が人の無意識の領域に影響を与えていることがわかります。そして、男性よりも女性のほうが匂いの影響をより強く受けることもわかっています。

ただし、人それぞれで匂いの好みが違うことも多く、さらに少しでも匂いが強すぎると、逆に不快感に変わることには注意が必要です。そのため、ビジネスで利用する場合は、気づかない程度の匂いがよいといえます。

嗅覚の心理作用としては、過去の経験や記憶を思い起こさせる「プルースト効果」もあります。一度嗅いだ匂いの記憶は数ヵ月後でも覚えていることが精神医学の分野で実証さ

れており、記憶と嗅覚の結びつきは意外に強く、しかも長期間にわたって持続します。たとえば、クリスマスは特別に薪を燃やす暖炉のあるホテルで過ごす、そんな経験を幼少の頃にしていたなら、薪の燃える匂いはクリスマスの楽しい経験を想起させるものとなるはずです。

プルースト効果は、嗅細胞から伝わった信号が脳の記憶をつかさどる「海馬」を活性化することで起こります。海馬は短期的な記憶を蓄積する脳部位ですが、海馬を通じて香りの情報は大脳新皮質に伝わって長期的な記憶としてストックされます。つまり、匂いの記憶は脳に分散する形で残り、それが匂いの刺激によって関連する記憶を呼び起こすと考えられているのです。

欧米の人々に比べ日本人は無臭を好む傾向があるともいわれますが、それは逆にいえば、匂いに敏感だということです。人を惹きつける匂いの要素を顧客タイプ別に分類していくなど、匂いをビジネスに応用する方法はまだまだありそうです。

サービスの心理3

「色」がもたらす消費行動

肉を買うときは、みずみずしい赤色が好まれますが、あるスーパーで見かけた肉は、緑色の網目状の紐でくるんでいたためか、紫色にくすんで見えました。網目から覗く肉の色が実際の色以上に紫に見えるのは「色の同化」という知覚作用によるものです。

色は、物理的には光の波長の違いによって決まります。ただしそれは、目の網膜で受けるまでのことで、そのあとに大脳皮質で処理されて「アイコニックメモリー」と呼ぶ感覚記憶として一秒以内だけ保存されます。その容量は大きいものの、保存される時間はほんの一瞬です。

色の同化が起こるのは、肉の物理的な色の特性をありのまま見ているのではなく、大脳皮質でほかの記憶と結びつけて解釈しているためです。言い換えると、色は何か絶対的な基準で「視覚」として理解されるのではなく、周りの状況や、ほかの色との関係によって、脳のなかの記憶のネットワークを通して識別されているのです。

白い服を着ていると顔が普段より暗く見えますが、これも同じ理由で、反対色の白との対比効果によるものです。

また色は、人の時間感覚にも影響を与えることがわかっています。暖色系の空間では体内の時間がゆっくり過ぎていき、寒色系では早く過ぎていくことが実証されています。

たとえば暖色には時間を長く感じさせる効果があるので、飲食店の店内に黄色や赤などの暖色系が使われていると、実際には十分いただけでも、それが十五分くらいに感じられます。この効果を応用することにより、顧客の回転率があげられます。ファストフード店などが多くの客が入れ替わるように暖色系が利用されているのはそのためです。

逆に店舗内の滞在時間を延ばしたいなら、時間を短く感じさせるように寒色の青などを用いるとよいわけです。この応用で、待ち時間のイライラを減らすのに、売り場レジ前を青色の空間にして待ち時間を短く感じさせるのも効果的です。

私が通うフィットネスクラブのエレベーター前は、大きな映像モニターを置いて、海の景色など青色をうまくミックスした空間をつくっています。エレベーターを待つイライラ気分も、その前に立っているとつい忘れてしまうというわけです。

このように、気持ちを静め、心を落ち着かせる効果があるのは青、もっとも認識しやすく購買意欲を喚起するのが赤など、心の動きに影響を与える色の効果はよく知られています。会議室を色で分けて、冷静に判断させる必要があるときには青色の部屋を使うなど、実践しているＩＴ企業に聞くと、確かに色の効果が認められるようです。

ただし、寒色や暖色の使い分けでは極端さは避けたほうがよいでしょう。暖色などはドキドキ感（覚醒度）を強めるため、それが過大になると疲れてしまい不快感に変わってしまうからです。

このほかにも、価格表示ラベルを高額から低額まで十段階の色（寒色は高額にし暖色は低額）で単純分類して売上げを伸ばした例などもあり、無意識に影響する色の効果はもっと考える必要がありそうです。

サービスの心理4

身体の負担が消費行動に与える影響とは？

喫茶店やレストランなどのサービス業においては、お客様が心地よく感じるような空間をいかに提供できるかが重要になります。そうした身体で感じる心地よさが、購買心理に大きな影響を与えることがわかってきています。

たとえばマンガ喫茶では、姿勢を変えられる椅子を設置するなど、体勢が固定されて疲れやすくなることを避ける工夫が取り入れられ、長時間滞在しても疲れにくい空間が提供されています。

逆に疲れやすいのは、足底が地につかない座高の高い椅子です。欧米男性の脚の長さに合わせた椅子の基準を、体格の違いを考慮せずに日本に取り入れたためで、血液循環が悪くなり気分が悪くなったりもします。足底が地面についていることは、体重が両脚に分散されて上半身の負担が少なくなるため、健康上からも重要といえます。

「たかが椅子」と思うかもしれませんが、椅子の背もたれや脚の高さは、人の心理にも影響します。身体が感じる快適さは無意識に表われるもので、当人の行動と認識に影響してくるのです。この点に配慮している企業は少ないのではないでしょうか。

そしてそれは、消費行動にも大きな影響を与えます。仮にレストランでの滞在時間が十分間、長くなると、追加注文が入る率も高まることが最近の調査から明らかになっています。

さらに、身体の空間認識も消費行動に影響します。たとえば、子どもの頃に通った小学校の校舎を大人になってから見て、ずいぶん小さく感じたことがありませんか。これは空間の認識が身体の大きさによって異なるために起きる現象で、個人的な錯覚ではなくだれもが感じる生理的なものなのです。

動物は、身体の大きさが増すほど、また年齢が高くなるほど、同じ空間でも狭く感じられます。そうであるなら、たとえば身長が一五〇センチの女性と一八〇センチの男性で

は、空間の感じ方が異なることから、女性向け、あるいは男性向けの専門ショップなどでは、性の違いによって部屋の天井高や奥行きを変えたほうが、本当はよいのです。

さらに、時間感覚と空間との関係では、空間が広いと感じるときには時間もゆったりと流れ、逆に狭いときには早く時間が過ぎていく感覚が働くことが実証されています。つまり同じ大きさの部屋なら、大人は子どもに比べ、その空間が狭いと感じるため時間が早く過ぎ去っていく感覚があるわけです。

こうした原理を応用すると、たとえばレストランや喫茶店などで天井を低くして部屋の空間を狭くすれば、同じ一時間の食事でも早く感じ、その結果として滞在時間が延びることになります。サービス競争がますます激しくなっている現在、この消費行動に影響を与える身体の認識の歪みを有効に利用することが重要なのです。

サービスの心理5

思わず買いたくさせる「限定」効果

「限定」という言葉に釣られてつい買ってしまったという経験はありませんか。心理学的に言い換えると、限定とは「希少性の価値」です。珍しかったり、手に入りにくかったりすると、人はそれを特別なモノとして意識します。時間、場所、人など限定する手法はさまざまで、購買心理の研究でもよく取り上げられます。

必需品を除き、いつでも手軽に買える商品には、あまり価値が感じられないものです。不況下でも高級ブランド品が飛ぶように売れるのは、品数が限定されていたり高価であったりするためで、その高級ブランド品にさらに地域限定や、期間限定といった「限定」をプラスしていくと、プレミア感をより高めることになります。

アメリカの社会心理学者ステファン・ウォーチェルは、クッキーを使った実験でそれを検証しています。被験者を二つのグループに分け、それぞれのグループに瓶に入ったクッキーを一枚とって食べてもらいます。片方の瓶には十枚入っていますが、もう片方の瓶には二枚しか入っていません。いずれもまったく同じクッキーですが、二枚入った瓶から取り出したグループのほうが、クッキーをおいしいと評価しました。

このように、「残り少ない」「限定」などといわれるものに、人は特別な価値を感じ、それを手に入れることができた自分も特別だと評価する傾向があります。この心理は、販売・営業トークによく使われています。

たとえば、「あなたは限定十名様に当選されました」と書かれたダイレクトメールが届いたりすると、いま買っておかなければ、損をするような気にさせられます。それが本当かどうかを確かめもせずに買う人が多いことから、詐欺にも利用される手口なのですが、非常に高い効果が認められています。この種の限定に弱いタイプの人は、他人から褒められたい、自分に自信がない、といった傾向があることもわかっています。

そこにあるのは、自尊心に働きかける心理なのです。希少であればあるほど、それを所

有する自分には価値があると感じられ、自尊心を満足させられるからだと考えられます。

だからこそ、高いブランド品を無理して買い求める人を観察すると、成り金的な人たちであったり、何らかのコンプレックスを強くもっている場合が多いことに気づくはずです。

特に日本人は、欧米人よりも気弱で心配症（セロトニンの遺伝的な要因）であるため、限定に弱いという消費傾向があることも説明できるのです。

もっとも、私たち日本人が限定という割引や特別なサービスについ反応してしまうのは日頃、自尊心を満たす生活をしていないからかもしれません。国内の意識調査などでも、他国の人と比べて特に日本人の自己評価が低いことでもそのことが実証されています。

たとえばそれは、欧米と中国、日本の中学生を対象とした調査でも、「自己へのポジティブな評価をしているか」という質問への回答では、海外は八割以上が「はい」と答えているのに対し、日本は四割程度にすぎません。こうした日本人の自己評価の低さは、消費行動にも影響しており、限定の心理はその特徴がよく表われたものといえるでしょう。

サービスの心理6

無期限保証のサービス効果

電化製品などを買うと保証がついています。故障しても安心できることから、顧客満足度を上げる要因として重視されています。この保証は、一般的には一年程度ですが、高級ブランドになると、「無期限保証」の製品もあります。以下では、無期限保証のサービスの例から、ブランド効果によって高い顧客ロイヤルティの意識を生み出す秘訣を探っていきましょう。

私がお世話になった教授への贈り物として高級万年筆を買おうと、デパート内の専門店に行ったときのことです。パーカーやモンブランの五万円以上のものを店員に薦められ、八万円の製品を買いました。購入後にふと、ペンの先が落ちて歪んだりしたらどうするのかと思い、店員にたずねました。すると、いつでも修理、交換に応じますとのこと。それも無期限に無料とのことでした。

これを聞いたのは買ったあとだったので何か得をした気持ちになりました。と同時に、私は自分用に三万円の品を追加購入しました。さすが高級ブランドのものはサービスが違うなと感心したためです。

もしこれが、最初から無期限の修理保証付きだと言われていたら、どうだったでしょうか。そんなものか程度の感じで、追加購入はしていなかったかもしれません。売らんがためにに目の前にぶら下げるニンジンではなく、すでに購入している顧客に特別にするサービスという印象だったことが、より高い満足感と信頼を与えたのだと思われます。

期待していなかったことでプラスの感情をもつと、満足度や信頼性が増します。店員がそれを意図的にねらったとは思えませんが、結果的には追加購入に結びつきました。

テキサス大学のブロニャジックらが行なった心理学での調査によると、カメラの購買客らは「保証期間」の長さによって、そのカメラ本体の品質とブランドを高く評価することがわかりました。無期限保証という特別なサービスは、「売り文句」としてアピールすれば、確かに顧客を惹きつける効果をもつようです。

無期限保証は、「無条件」と同じく、それ自体で企業や商品への信頼性を意味するブランド効果を生み出します。この無期限というコトバからは、売り手側の「責任をもつことに対する覚悟」を感じられるのではないでしょうか。期間という条件がついていないため、買う側の立場を優先していることを示す姿勢とみなせるからです。また、そこには売り手側の顧客に対する信頼を前提にしていることも示されています。こうした信頼性をベースにした関係が無期限のコトバによって喚起されるところに心理的な効果があると考えられます。

もちろん、無期限保証を最初から前面にアピールする方法も悪くはありません。しかしそれは、顧客にしてみれば売り手発想と映ります。通常は自社の「売り」になるコトバをパンフレットに入れるなどして訴求したいわけですが、それをしない控えめなところが重要なのです。

あえてそれを控えることで、ブランド効果として、顧客はもっと高い信用をその企業に寄せる効果がある点に留意したいものです。

サービスの心理7

時間価値を創るサービスの提供

日本人は時間を守る、あるいは時間を厳密に管理する国民であることは、よく知られています。そんな時間の価値を重視するサービスのあり方を検討してみましょう。

日本では、「時は金なり」であり、それは食文化にもよく表われています。たとえば「鮮度」というコトバは時間価値そのものを表現しています。

鮮度にこだわる食材といえば、刺身です。いまや刺身文化は世界中に広がっていますが、そこに鮮度の価値が抜けてしまっては、刺身本来のうまさが台なしです。ところが、そのように思うのは日本人ぐらいで、乳製品の伝統をもつ欧米人などには鮮度にこだわる文化があまりないのです。

たとえば、海外でショッピングをすると、卵の賞味期限などがパックに記入されていないことや、入荷日がわからない古い野菜と新鮮な野菜が区別なく置かれていることに気がつきます。ましてや日本のスーパーのように、閉店時間が近づくと生鮮食品の値段を下げて販売するなどは、ほとんどありません。

こうしたことから、日本には時間をサービスとして重視する独特の食文化があることがわかります。この食文化は、正確に仕事をしたり約束事を守るといったライフスタイルに支えられており、時間を管理する日本人の優れた能力と表裏の関係にあるのです。だからこそ、時間価値の高さをサービス化していくことが、ますます重要となっています。

それには、サービスのあり方として時間を大事にしていることを、顧客側にわかってもらわなくては始まりません。まずは鮮度の表示方法に工夫を施します。

たとえば最近は、お弁当などは日に複数回、値札をつけ替えて（値下げして）、鮮度を強調している店も多くなりました。価格を割り引くという方式は、鮮度としての時間を重視していることを示すにはわかりやすいものの、利益率を下げることにつながりかねません。

そこで、鮮度の高い商品を別の棚に置いたり、豪華に飾りつけたコーナーに並べたり、あるいはピラミッド型に積んだりして、目立つ工夫がなされます。そのような「空間的」な工夫は時間価値の差別化としてとても効果的です。つまり、単に価格的な面での見える化を進めるだけでなく、売り場全体として、鮮度を重視しているように感じられるかどうかがポイントとなるのです。

日本人の消費者心理は複雑です。そこで勝ち残りができれば世界で通用することは間違いありません。だとすれば、この時間価値のサービスへの追究をほかのあらゆる業種・業態にまで広げていけば、これまでにない時間価値のサービスモデルを創ることができるはずです。

一例としてすぐに思い浮かぶのは、アパレルであれば、季節に応じて品揃えを変えるだけでなく、その日の天候に合わせたり、祭事やイベントに対応するなど、臨機応変に時間に合わせたサービスを提供していくことが重要といえるでしょう。

サービスの心理8

希少価値の創り方

かつての大量生産、大量販売の時代には、ブームや標準性を追う消費者を対象にしていました。みんながもっているモノを求める傾向は、流行に遅れないという面がある一方で、没個性が指摘されています。

今日では、自分らしい部分を強調したい、希少価値のあるものをもつ気分を味わいたいと多くの人が感じています。そのような心理により生じるのが「スノッブ効果」です。入手困難であるほど需要が増加し、多くの人が買い始めると、興味を失うような心理により需要が減少する効果のことです。その逆で、みんなと同じことをすると気持ちよく感じ需要が増加するのが、「バンドワゴン効果」です。

スノッブ効果の背景には、自分と他者を「差別化」したいという心理があると考えられます。そのため、「限定」「希少」などのメッセージはとても有効に働きますが、実際の販促などで、それをどう利用したらよいのでしょうか。

一例をあげると、流行のファッション商品をあえて一ヵ月などの期間限定販売として、少量多品種な品揃えにすると、ブランドイメージを崩さずに高く販売することができます。一九九〇年代のアップル社のマッキントッシュは「Think different」というキャッチコピーのもと、数あるパソコン製品のなかでもひときわ高い価格で売れていましたが、その理由が、このスノッブ効果にありました。

ここで注目したいのは、希少性のあるマニアックな商品だけではなく、大量販売されている商品でも、スノッブ効果を活かす方法があることです。

たとえば、服を販売する場合に「先着一千名様のみ有名キャラクターの刺しゅう入り」のように、ちょっとした変化を付加すると、そこにオリジナリティをもたせることができます。部分的なユニークさでオリジナルなイメージを感じられればスノッブ効果で売れるということです。

全体を変えることはコスト高になり大変ですが、部分的な手直し程度なら安いものです。その結果として一千着が高い価格で売れるだけでなく、ファンを増やし定着率を上げることにもつながります。

このほかにも、販売する場所を限定し特有の地域名を入れるなど、独占欲や優越感を満たすにはさまざまな方法があります。なかでも最近はとりわけ「地域」がブランドの象徴として注目されるようになりました。牛肉や豚肉などの値段が産地によって差がついていたり、ご当地ナンバー1を決める全国大会が盛況だったりなどは、地域性自体がブランド化されてきている証拠といってもよいでしょう。

こうしたスノッブ効果をもたらす心理に有利に働く条件が拡大してきたことで、消費者も一律の商品を買うのをやめて、より「自分らしさ」や「ユニークさ」を重視しはじめているといえるでしょう。

サービスの心理9

ポジティブ感情の「返報性効果」

バレンタインデーにあまり縁のない男性も、義理チョコをもらえばうれしいようです。かく言う私もですが、そんなポジティブ感情の働きが、なぜビジネスとしても有効なのかを考えてみましょう。

たとえ義理チョコであっても、それをもらうことは、チョコレートの菓子としての価値以上に、渡す側の象徴として特別な価値が生まれます。女性側も普段とは違うお祭りごととして、感謝の気持ちなどを込めてさりげなく渡すことができます。

つまり、特別な日に特別なモノを媒介にして「好意」や「感謝」の気持ちを相手に差し出しているわけです。こうしたモノを介しての間接的な心の交換をしていることに、どんな意味があるのでしょうか。

人はだれかから感謝の気持ちを受け取ると、そのお返しをしたくなります。これは「返報性効果」と呼ばれるものです。バレンタインデーにチョコレートを受け取った男性側はホワイトデーにお返しをします。たいていは、もらった品物より少し高額なものを渡すことになります。これは男性のプライドを満たすためともいえますが、もともと男性は女性に対して優位でいたいという欲求があります。そのために、もらった価値以上のものをプレゼントしようとします。

モノを交換する商売のサイクルは、人の幸福感情を高める効果があるだけでなく、チョコレートという商材を軸にして、ほかの菓子や映画、スポーツなど体験的なサービスへと拡張していきます。すなわち、男女の相互の感謝の気持ちを起点として、幸福感情を高め、さらに経験価値の高いサービスを受けることになるわけです。このサイクルは感謝のポジティブ相乗効果とでもいうべきものです。

そのため、チョコレートを売る側からすると、一人の女性客を顧客とみなすだけでなく、その相手の男性も顧客とみなす「顧客の顧客」という視点、つまり感謝の輪から生まれる関係マーケティングが重要になってくるわけです。

一般に、贈答サービスはお土産や冠婚葬祭で消費されます。従来はモノ中心で歳事も決まったパターンがありましたが近年、そこに変化の兆しがみえてきています。たとえば女子高生の間では、バレンタインデーには同性の友だちにチョコレートを渡す「友チョコ」が一般的となり、またチョコレートに限らず、自分好みのセーターやキャラクター人形を渡すなど多様化しています。

こうした消費者行動は、一定の商品サイクルを軸にした文化的ルールを消費者自らが創りだしていく動きといえます。そこには、自分らしさを求めることや、性別に関係なく仲間との「親愛動機」を満たす行動がみられます。この流れに対応するには、「絆」を求める経験価値に重きをおいたサービスが必要とされます。そのためには、かつて飲食店などでよく見かけた、カップルにはハート型のストローのついた飲み物セットを提供するなど、ワンパターンの対応ではなく、人との絆づくりを高めるのに役立つ工夫が求められてきているといえるでしょう。

サービスの心理10

「面倒」に感じる心理を購買行動に活かす

料理をつくるときに面倒だと思うことはたくさんあります。また、カボチャを切るときなど力を込める必要があり、大きさがそろわなかったりするとイライラします。そんな心理を見通してか、最近はすぐに調理できるようにカットされた野菜類のパックの品揃えが豊富になっています。

野菜のインターネット通販で知られる企業では、二人前の「鍋キット」など、手間を省くというコンセプトの「時短料理」の売り込みを始めました。これは働く女性をねらった期間限定の商品ですが、とても評判になりました。一般に鍋料理は同じ味になりがちで、マンネリ化しやすいことから、毎週違った味が楽しめるように多品種（十五種）をそろえたことも好評の要因だったようです。

このようなパック商品が急増した理由は、料理に時間を割くのが面倒だという働く主婦や「お一人様世帯」が増えていることにあります。パック一つでそのまま料理できてありがたいことはわかります。しかし、もっと手間を省ける冷凍食品やお惣菜パックは、これまでもありました。なぜ、それらではだめなのでしょうか。

調べてみると、冷凍食品も種類は増えているのですが、鍋キットは手軽なだけではなく、「プチ贅沢」な心理も満たす商品であることがわかってきました。私たち日本人には、新鮮な野菜や魚などが鍋料理に不可欠な食材であるというイメージ（メンタルモデル）があります。たとえ既成のキットでつくるにしても、そこに「新鮮さを満たすもの」がないと鍋にする意味がないと感じてしまうわけです。

その意味で、鍋キットはプチ贅沢な商品であると同時に「本物志向」を失わないという面もあわせもっています。本物志向ならば、本来は手間もいとわないものです。だからこそ鍋キットでは、ゴボウは変色するので大まかなカットとし、カボチャは硬いので細かく切るなど、野菜ごとに切り方を変え、魚や肉は味つけもするが生でも大丈夫なものはそのままにする、などの細かい工夫を凝らしています。さらにレシピもついているので、時間のあるときには自分で一からつくることができるといった点も、顧客に受けている理由としてあげられます。

消費者の心理をよく把握したうえで、おいしさを演出するこうしたきめ細かな工夫に驚くと同時に、本物志向に対するつくり手側の強い要求も伝わってきます。このような本物志向で、かつプチ贅沢を顧客に味わってもらう販売戦略は、和食という組み合わせの妙をそなえた商品だからこそ、ニーズとして強く出てきたものだと考えられます。

プチ贅沢は、「本物志向／面倒」という分数式にまとめることができます。同様の例は食材以外でもありそうです。たとえば組み立て式の家具類や、電車などの精巧なプラモデルなどが当てはまるかもしれません。

要は、本物志向はいいのだけれど面倒なのは嫌だ、ということを心理のバランスとして考えたものが、売上げにつながるプチ贅沢商品だというわけです。消費者が本物志向を貫くのは大変です。その面倒を小さくできる商品はないか、まずはあなたの周りにある面倒なことをリストアップしてみてはいかがでしょうか。

営業の心理1

「単純接触効果」のもつ力

できる営業マンは「お客様のところに足繁く通う」といわれます。心理学的にもその効果が認められています。ここでの重要な要因は回数であり、短い時間でも何回も会うほうが、時間的に長く話し込むより好感が生まれやすくなることです。これは実験でも証明されており、一ヵ月の間に十分だけ五回会う面接と、三時間かけた一回だけの面接を比較した場合、前者が五回分を合わせても一時間ほどにしかならないのに三時間の面接より好感度が上がりました。総計の時間数よりも回数が多いほうが効果があるのです。

この結果からも、量より頻度が明らかに重要なことがわかります。まめな男性が女性にもてるのも同じ理由で、「単純接触効果」といわれるものです。単純に接していれば、それだけで好感がもたれる心理には、見慣れたものへの安心感や親しみ感が関連していま す。しつこい営業マンのように何かをうまく説明したり、つながりを意図的にもとうと努力する必要性はまったくありません。

この点は意外に思われるかもしれませんが、まさに「ただ単に接するだけの効果」なのです。たとえば、何かの趣味や健康のための教室やジムに通っていて、まったく言葉を交わさないものの週に何度か会う異性を見かけなかった日には、なんとなく寂しい気がしたり、気になった経験はありませんか。

これは特別な好意をもち始めたときの症状ともいえるものです。その寂しいと思う感情をつくるのが単純接触効果だとしたら、ビジネスに転用すれば営業の成功法則になるかもしれません。

この効果性は、心理学的には人だけでなくモノや映像関連にも応用できます。単純に回数を多く見たことがどれだけ好感を与えるか、これはCM映像やマンガなども同じだからです。

CMは本当に効果があるのかと思われる映像が多いことも確かですが、実は見せる時間は短くとも、できるだけ回数を多く視聴者に見せること自体が重要なことが明らかになっています。あるいは、気になったマンガのシリーズ書などで、読み始めは漫画家の絵になじめずに違和感があっても、日がたつうちにその絵自体がリアリティのあるものに感じられるようになった経験はありませんか。それらは単純接触効果によるものなのです。

見慣れてくると、ストーリーのなかの絵はリアリティと好感が増してきます。読む（見る）時間の長さよりも、回数を重ねるほうが効果的だからです。一定の時間を経ると、一秒以内の視覚刺激（アイコニックメモリー）が、「短期記憶」となり、さらに数時間後には「長期記憶」へと変化していき、あるニューロン（脳神経細胞）のパターンとして定着し始めます。それにより、理解の処理も早くなっていきます。これは視覚だけではなく、ほかの五感と思考のすべてにかかわる、「慣れる」ことによるスキルアップの原理です。

脳内のニューロンの連結パターンがどれだけ緻密で活性化しやすいかによって、理解や記憶の深さが決まってくると考えられています。そして、このパターンが固定化し結びつきが強くなってくるものが「メンタルモデル」（またはスキーマ）だとみなすことができます。

ただし、これは理解することに対する良い面であると同時に、偏見や誤解を生む原因にもなります。人の認識を支えるコアになる概念や記憶、知識といったものは、「常識」として、所属する集団や文化的な活動のなかで理解されています。そのため、経験的に蓄積されてきたニューロンの網目パターンは、所属する組織や文化が異なれば同一であるはずがないにもかかわらず、それを当たり前と思っていることに、自分では気づきにくいという特徴があるのです。

営業の心理2

営業力を見える化する

営業の仕事は、社内ではノルマを課せられたり、社外では顧客に断わられたり、クレームを言われたりと、競争を強いられストレスが多いものです。そうしたことから、残念なことに学生が就きたい職種のワースト1になっているようです。

しかし営業は、もっとも心理学を活かせる分野でもあるのです。そこで、まずは営業とは何か、それに必要な能力とは何か、この二つの問題を整理してみましょう。

営業は商品を売るだけの職業ではなく、見えないモノとしての「サービス」という経験価値を顧客や見込み客に提供しています。また必要とされる能力について心理的な分析をするには、営業力を三つの領域に分けて考える必要があります。

第一が「営業プロセス」。これは購買前と購買時、購買後のそれぞれで、どのような働きかけが購買を促し、あるいは購入動機に影響を与えるかを明確にしたり、手順書や顧客リストを作成したりすることです。第二が「営業表現」です。わかりやすく言えば営業トークのことで、どう相手に納得のいく表現で語り訴求するかです。そして第三が「営業内容」です。商品知識はもちろんのこと、お客様のどんな欲求やニーズに応えるか、売りのコアとなる内容（コンテンツ）です。この三つは異なる能力要因から成り立つため、どこを自分の強みとして重点的に活動するかに合わせたスキルの向上が求められます。

営業の有能さとは、一般には営業トークに代表されるように、説得力があることだと考えられがちです。ところがそれは、営業表現というレベルの領域であって、営業全体からすると一部にすぎません。営業トークだけ優れていたとしても、商品価値自体が貧弱では、詐欺的な説得になってしまいます。また営業プロセスで適切な情報管理をしていないと、クレームがあっても同じ失敗を別の営業担当がするかもしれません。

これらから本当の営業力とは、「表現」（コミュニケーション）と「プロセス」（行動の連鎖）と「内容」（コンテンツ）という三つの力の相乗効果で決まるものだとわかります。

ここでの内容には戦略的な目標も含まれます。そして実践におけるプロセスを考えた場合、営業を個人の仕事としてとらえるだけでなく、チームや組織としての連携に加え、一貫したサポートや管理が求められます。

つまり営業力とは、個人の能力だけに左右されるものではありません。それは、企業組織としての業務プロセス、コミュニケーション、商品知識という三つの能力を自らの実践に活かすリソースにすることです。それらの認知的リソースをどう自己の強みと組み合わせるかが重要なのです。

ここでは、営業ができないと思い込み、口べたなので営業をやめたいと考えている若手営業Bさんに対して、「リフレーム」という手法で励ますA課長の例をみてみましょう。

A課長：どうしたのかな。お客様からはよくやってくれていると聞いているのに部署異動したいというのは？

Bさん：ええ、実はお客様に話をしているとき緊張しているのか、どうも内容がうまく伝わっていないようで…

A課長：なるほど、自分の言いたいことが伝わらないという気持ちがあるわけか

Bさん：そのとおりです。やはり、私は人を相手にするより技術屋として開発するほう

　　が向いているように思いまして…

A課長：うーむ、営業は話をうまくできないとダメだと思っているわけだね

Bさん：私は説明するにも慎重に言葉を選んでしまう[1]ので緊張が続いてしまうようです

A課長：なるほど、だけどそれは、相手の立場やニーズなどをよく聞いている[2]ということにつながると思うのだがね

リフレームは弱みの裏にある強みを意識させるのに有効な手法です。弱みと強みは同じコインの裏表とみなす発想だからです。特に個人営業のレベルだけでなくチームや組織というなかでは、互いの弱みをカバーしたり強みに転換したりできます。ここでは営業に適した能力として話すことが取り上げられています。傍線1をリフレームした表現が傍線2ですが、営業能力としての会話について、Bさんはうまく話すという面を取り上げ、A課長はよく相手のことを聞く力にフォーカスしています。

こうした別の認識の仕方に気づかせるのが、カウンセリングでもよく使われるリフレームです。ただし、個々の利益を超えた、組織共通の目標達成に力を合わせる貢献心があってこそ、強みも本物となると述べたのはドラッカーです。マネジメント心理の原則ともいえるでしょう。

営業の心理3

法人顧客キーマンの「自己関与」

法人営業では、顧客は企業組織であるため、買うという意思決定をする人と、実際に使用する人が違ったり、複数の人が購入決定に介在したりします。**そこで重要になるのが、本当の決定者、言い換えるとキーマンはだれかを知ることです。そして売る側は、自身がかかわって買ったという「自己関与性」をキーマンにもってもらうように、提案の仕方を工夫することがポイントになります。**

ある建築資材企業の提案営業を調査したところ、できる営業マンは必ずといってよいほど、最終見積もりを出す一週間ほど前に、クライアント先のキーマンを訪問して意見をもらっていました。それは、キーマンの意見を最終案に入れることがねらいだったのです。そうすれば、契約成立後の顧客満足度が上がり、また契約内容に不満な点があったとしても、キーマンが自分の意見を入れているために、さほど悪い評価にはならないとのこと。

営業側の言うままにクライアントが了承したのであれば、結果が悪かったときに、提案が悪いからだとされ、失敗の責任を全部、営業側が負うことになりかねません。しかし、クライアント側のキーマンも意見を出した協働の形の企画内容にしておけば、それが失敗だったとしても、キーマンは自ら決定内容を変えることに関与したことで、自己関与性を高められます。その結果、キーマン自身が自分も責任の一部を担うと思うことになり、キーマンの立場から、別の良い結果も探して企画の評価を高くしようとする意識が働くわけです。

失敗の原因をどんな要因から説明するかについては、「原因帰属」という心理的な偏りがだれにでもあります。原因帰属とは、成功や失敗の原因がどこ（だれ）にあるかということです。ただし自分の失敗の原因を自分の側にあるとみるか、それとも他者や外部環境などにあるとみるかは、人によって一定の傾向があることがわかっています。

つまり、企画作成にキーマンが関与していれば、失敗の一部責任は自分にあると思い、

失敗の原因帰属をその営業マンだけに負わせるわけにはいかなくなります。

整理のために、原因帰属の基本となる内的帰属と外的帰属を「営業の仕事で一件も顧客がとれなかった場合」を例に比較してみましょう。

理由1：売っている商品が悪いから契約がとれなかったんだ

（自分以外の他者や環境に原因があるとする「外的帰属」）

理由2：自分に商品知識がなかったから契約がとれなかったんだ

（自分の能力や努力が足りないとする「内的帰属」）

外的帰属は楽天的な人の特徴でもありストレスにならないメリットがあります。一方、内的帰属はストレス負荷が高くなり、一時的にひどく自分を落ち込ませますが、原因を追求することで自らが成長できるという長期的なメリットがあります。どちらがよいかは、一概にはいえませんが、うつ傾向のある人は成功の原因は外的な理由にし、失敗は内的な理由とするため、いずれも自己否定につながる危険性があり、注意が必要です。

営業の心理4

顧客の商品イメージを変えるには？

できる営業マンは自分の商品やサービスをどう語るかという決めゼリフをもっていま す。そして、相手の語る不満や要求のストーリーに合わせて、即興的な語りのスタイルを展開しています。

どういうことかというと、さまざまな顧客と同じようなやり取りを繰り返すなかで、こんな場合にこう言ってみたらうまくいった、などの記憶や知識がレパートリーとして積み重なっていくのです。こうした経験のなかで獲得された知のレパートリーの枠組みを成すのがメンタルモデルです。メンタルモデルは、単純に記憶を引き出してくるものではなく、その場の文脈や相手と自分の関係、感情のあり方によって構成されています。

実際の営業場面を例に考えてみましょう。たとえば英会話教材を売るようなケースでは、購入する側であるクライアントにしてみると、どれも大差なく時間がないと続けられないと思っています。そんな商品を販売するにあたって、できる営業マンは、まずは身近な話題を引き合いにして、努力は不要で時間がなくても大丈夫というイメージを相手にもたせるようにします。最初から商品の説明をするとは限らないのです。

そのため、まず教材観そのものに異なる言語ラベル（ネーミング）をつけます。そして最後に、スイーツのような、ついでに甘い楽しい時間を過ごせるモノと結びつけたり、あるいは細切れ時間に気晴らしでゲームをするような感覚を与えるのです。そこにはちょっとしたワザが隠されています。

たとえば、近所のレストランがどれほどおいしいかを語って共感を呼ぶようにします。聞き手が自分も近くに住んでいるなら行って経験してみたいと思うからです。そこには肩肘をはらない共感の相互作用が働きます。

「ケーキは原料によって焼き立ての香ばしさが違うんです。さらにそこのオリジナルの食材と絡めてつくってあるから、ほかではちょっと同じ味は出せないですね」といった話を交えながら、「会話も甘くなくちゃ楽しくないし、続かないですから…」と教材と結びつける言葉を入れていくのです。

そして、「英会話を学ぶポイントは?」に代えて、「おいしく召し上がるポイントは?」と話題を進め、たとえば「三つのポイントを知っておくと、会話上手に変身できる」と展開していきます。

ここで重要なことは、会話の仕方ではなく、そこに「メタファー」(暗喩)という類推の心理があるという点です。メタファーは比喩的な関係をつくり、そこからイメージに具体性をもたらします。たとえ話がそうであるように、メタファーは相手のメンタルモデルを修正したり、潜在的なニーズを引き出したりする効果があるのです。

では、その潜在的なニーズを表面化させるにはどうしたらいいのでしょうか。単に消費者に欲しいものを聞いても、的確な答えは得られません。そこには「ニーズを顕在化する」ことが必要だからです。

『心脳マーケティング』の著者として知られるジェラルド・ザルトマンらは、そうしたメタファーを使った消費者の潜在意識調査を大規模に行なっています。

写真や動画などのイメージマップ的なものを作成し、そのつながりから購買動機などを

探るもので、「ZMET法」（Zaltman Metaphor Elicitation Technique）と呼んでいます。

たとえば、ハイブリッドカーに関するイメージのマップをつくり、消費者の潜在心理を探り出していく試みをしています。それを動物にたとえれば、「ヒョウ」のようにスマートで効率性の高い走りをし、色で表わすと「シルバー」が連想される、といった具合です。この結果、最初は予想もしていなかった消費者のもつイメージのつながりとそのネットワークの連鎖がみえてくるというのです。

それがどこまで実用化されるか、今後期待されるところです。

広告の心理1

顧客を「自己説得」させるキャッチコピー

顧客を「自己説得」させるキャッチコピー、売れるキャッチコピーとはどういうものかを考えてみましょう。

ヒット商品を生み出すには、商品をイメージできるコトバを用いることが大事です。キャッチコピーを顧客視点で見直して売上げを三倍に伸ばしたのが、無印良品のジャケットです。

たたんでもシワにならないジャケットを、当初は「たためるジャケット」というキャッチコピーで販売していました。たためるという「機能」がウリなのですが、考えてみると日常、ジャケットをたたむことはそうありません。そこで、たたむ必要に迫られた「経験」に着目し直しました。「不意に必要になるのは、どんなときか」を考えた結果、旅行という切り口で商品を改良することに決めたそうです。キャッチコピーも「旅に便利なジャケット」と改めました。シワにならないだけでなく、持ち運びに便利なジャケットとして軽さも考慮して仕上げたところ、以前の三倍も売上げるヒット商品となりました。

「たためるジャケット」は機能性に着目させるものでした。それでは売れなかった商品が、「旅」という顧客の経験をコトバにすることで、それがトリガー（引き金）になり購買動機を強めたといえるでしょう。この場合、機能よりも「経験」に訴求するコトバであったことがポイントです。

では、「自分へのご褒美に！」というキャッチコピーはどうでしょうか。

一般に、ご褒美は相手にあげるものです。それを、ご褒美をあげる対象を自分にすることで、ギャップ感を出しており、「自分ごと」にしています。ご褒美は高級なブランド品だったりするわけですが、自分をやさしくいたわるような気分にさせてくれる商品であることで、訴求力を高めているのです。

しかも、この文章は「途中」で切れた形になっており、述語が書かれていません。こう

した中断された状態での違和感を利用した心理現象は、「ザイガルニック効果」と呼ばれます。途中でやめると何となく気持ちが悪いため、あとでまた完成させようとすることから記憶に残りやすくなります。積み木を途中まで組み立てたなら、最後までやり遂げたい、完成させたい、そんな遊びの感覚にも応用されるものですが、意外にも行動を促す効果があるのです。

キャッチコピーにもこの原理を使うと効果的で、たとえば「～をあなたに！」「あきらめる前に！」「～で元気モリモリ！」などがあげられます。これらは主語や述語が欠けているため、その前後の意味を当人に補わせる心理的な働きがあり、都合よく説得できるのです。

営業では説得力が問われますが、顧客が自己説得する形にすることがもっとも効果があることはよく知られています。まさにこうしたキャッチコピーによる説得効果は、広告や営業などに活かせる場面がまだまだありそうです。

広告の心理2

顧客の「元型イメージ」の転換

値引きしているのに売れない、新商品を投入したのにすぐ値崩れを起こす。こうした商品やサービスには、顧客側が本質的に求めている元型イメージ（メンタルモデル）を把握できていないという共通の特徴が認められます。

たとえば音楽ＣＤ業界では、若者がＣＤを買わないことが深刻化していますが、音楽ライブの観客数は減っていないことからすると、若者の音楽への志向度は変わっていないはずです。だとすると、何が音楽ＣＤへの壁をつくっているのでしょうか。

表面的なニーズ調査をしても、人気の楽曲にどんな特徴があるのかという機能的な違いしかみえません。目先の利益をねらうソフト産業では、離れていく顧客側の心理を把握できていないということがありがちです。

そこで、より深く顧客側の心理を調べてみると「音楽は隙間時間にネットで聴く」という傾向が強まっていることがわかってきました。若者にとって音楽は「気分を少し和らげる道具」であり、これまでの「趣味として聴く」から、視聴する動機が変わってきているのです。これを長期的な視点でみると、音楽の元型イメージは、趣味としての「箱に入ったコンサート」の音楽CDから、スマートフォンなどを用いて気軽に使う「気分転換の道具」に変わったことを意味するのではないでしょうか。

これは、短期的なユーザー調査では知ることができません。また、音楽業界だけの話ではなく、ほかの商品やサービスでも同じです。

たとえばアパレル業界では、機能性に富んだ衣服が市場に広がることは、売上げアップにつながる一方で、「同じモノを着ている」ことへの拒否感情を強めます。そのため、カラーやアレンジ部分を多様化する工夫が重要となってきます。飲食業界でも、ファストフード店が苦戦するようになっている背景には、一九七〇年代の欧米文化がもてはやされた時代から、現在の和風文化の世界ブランド化への変化があります。加えて今日では、若い層とシニア層の国内比率が逆転し、ハンバーガーなどに対する消費ニーズに変化が生じています。それは「安くて早い」から「健康でおいしい」という元型イメージの変化なのです。そのため、メインの食材を肉から魚に転換するなど工夫が迫られているのです。

そうした工夫の是非を検討する際に、ブランドイメージが十年前とどう違ってきているのかといった長期的な消費行動の変化を見逃さないためにも、消費者の元型イメージを明確にすることが広告戦略において重要なのです。

短期的な利益に目を奪われると、長期的な利益を損ねてしまいます。短期的に出てくるニーズの根幹には、より長期的なニーズが隠れており、両者が矛盾する場合には長期のニーズとその元型イメージに応える工夫がより重要になってくるといえるでしょう。

広告の心理3

恐怖感情をあおる販促戦略のリスク

「いまのままでは大変なことになりますよ」と言われると、だれもがドキッとします。この心理はCMにもよく使われていますが、化粧品や健康食品など判断の基準が曖昧な商品に多いことが特徴です。お肌の手入れをしないとシワが増えて大変なことになる、という類いのロジックは、人々の不安感をあおることをねらっています。そこを突かれると、少し気がかりであった人は慌て、恐怖の感情が高まるというわけです。

このような恐怖感情がどれだけ人の行動に影響するかを、心理学者ジャニスとフェシュバッハが検証しています。

高校生二百人をＡＢＣの三つのグループに分け、それぞれに虫歯と口腔衛生についてスライドなどを使った講義をしました。Ａグループには歯の不衛生から起こる虫歯や歯槽膿漏の話、そしてそのままにしておくと癌や失明までも引き起こすという内容、Ｂグループにはあまり不安を与えない普通の虫歯の説明、Ｃグループは口腔衛生の具体的な解説や治療法についてです。

講義の直後に虫歯に対してもっとも不安が大きかったのは、予想どおりＡグループでしたが、一週間後にあらためて調査したところ、意外なことに歯医者に行くなどの対策を実際に行動で示した人の割合は、Ｃグループがいちばん高く、Ａグループがいちばん低かったのです。

強い不安をもっているほうが何らかの行動をするはずだと考えがちですが、実際には強い脅しよりも具体的な対策の助言によるほうが改善行動をとる率が高いという結果となりました。これはいったいなぜでしょうか。

私たちは不安を解消したいと望む一方で、自分の行動を正当化しようという意識が働きます。その作用により、高まった恐怖や不安が、逆にそんなはずはないという気持ちを生じさせるのです。そのため、恐怖感情などが働くのは一時《いっとき》にすぎず、すぐに例外などを探したり、まだ大丈夫といった他者の意見などから影響を受けて不安が和らぎ、結果として数日後には元の気持ちに戻ってしまう傾向があります。

こうしたことからすると、強い脅し式の広告ストーリーは、長期的な効果を考えれば逆効果にしかならないことがわかります。そして、恐怖感情に訴えてその場で購入を迫るやり方では、反発や諦めをよぶリスクも生じかねません。人は恐怖や不安には敏感ですが、一方で楽天的な面ももち合わせています。そのため、一時的には恐怖の感情に支配されても、時が経つにつれて楽天的な面が優位になり、具体的な解決につながる行動が先にないと、面倒になり解決しようとしなくなるのです。

また、「△△をするとあなたは××できて、こんなに〇〇で素敵になる」といった解決型の具体的な表現に変えるほうが、自分の選択がよかったと納得し、満足感を得られるので、よいことになります。長期的な観点からすると、マイナスの強い恐怖感だけを過剰に訴える売り方よりも、具体性のある解決策を示し、プラス効果がこんなにあると示すほうが効果的だといえるでしょう。

広告の心理4

損失回避心理を利用したマーケティング

インターネットのサイト上では、仮想の世界をつくり、そのなかではあたかも現実のようなビジネスや取引ができます。たとえば協和発酵キリンは以前、「サンダーバード・コーポレーション」という仮想会社をウェブ上に設立し、仮の形で人材募集まで実施していました。これは、人形特撮テレビ番組の「サンダーバード」を起用したもので、サイト上に掲載されていた紹介文も、次のようなストーリー性を貫いた表現となっていました。「国際救助隊サンダーバードでは、世界各地で発生した事故や災害において、迅速かつ確実な人命救助活動を行なってきました。一方、このサンダーバード・コーポレーションでは、国際救助の活動で培われてきた経験と実績をフルに活かし、人類の脅威である病気からひとりでも多くの人を救うべく…」（以下略）

同社がインターネット上に仮想の企業をつくったねらいは、抗体医薬の啓蒙を促進することだったといいます。利用者が人材募集に応募する形でサイト内のクイズやビデオレッスンに挑戦し昇進していくことができる仕組みを取り入れ、ポイントを利用したり、フィギュアの形でビジュアル化することで、同社のファン客になり抗体医薬事業への共感をもってもらうことを期待したのでした。

こうしたゲーム的な手法を実際のマーケティングに応用する方法は「ゲーミフィケーション」と呼ばれ、二〇一二年頃からアメリカを中心にブームになりました。ほかにもソーシャルゲームで対戦相手とのバトルにより、相手側のアイテムを奪い取る仕組みを取り入れた例をみると、奪い取られた側には「損失回避性」（損失を利益より大きく評価する心理）が働き、一度手に入れたものを奪われるとその獲得の二倍以上の損失感をもつことになります。その結果、獲得したアイテムなどを手放したくないと強く思うため、さらにゲームにはまることになるわけです。

このような、損して得を取る方法は、富山の薬売りと同様に「損失回避の心理」をうまく活用していると考えられます。富山の薬売りは、必要とされるであろう薬を先に渡しておき、一年後などに使った分量だけ料金を支払う仕組みです。

イケア社の組み立て式家具も、自分がつくったという努力が追加される分、特別な家具として過大評価される心理を利用しているのです。それゆえ、労力をかければかけるほど獲得したものへの価値づけも大きくなってくるので手放せなくなります。

同様に、良い経験を先に与えるという試行的なサービスでも、それを続ける間に付加価値としての損失回避の心理が働き、自己の過剰評価につながります。私はこうしたサービスを「先取りサービス」と呼んでいますが、試す経験があることで顧客側は安心感と自己コントロール感が得られます。それは満足度を上げるだけでなく、そのサービス自体が習慣行動となることがメリットとしてあげられます。

企画調査の心理1

革新的商品のニーズ調査

革新的な商品は、ニーズ調査からは生まれないといわれます。ここではあらためて、商品のニーズ調査を考えてみましょう。

ソニーの「ウォークマン」が当時の井深社長の「こんなのが欲しい」という要望から生まれたことや、iPhoneがアップル社を設立したジョブズの発想によることはよく知られています。革新的な商品を開発するには、ニーズ調査だけでは無理があるようです。

ただし、商品開発のためのニーズ調査で問題があるのは、その調査法です。顧客側にダイレクトに「何が欲しいか」を聞いても、使った経験がないものはイメージもできないため、既存の商品の枠を出ることはありません。

ニーズは、脳のどこかに隠れているというよりも、その商品を必要とする「状況」が生まれることによって初めて認識されます。人の欲求や動機が単体で存在するのではなく、外界のモノとの相互作用によって生成されるものだからです。この視点から考えると、適切な調査法は、「どんな不便があるか」を聞くべき、となります。

たとえば、ウォークマンが商品として登場していなかった段階では、「外出が多く、音楽を聴いているヒマがない」「部屋が狭く、ステレオで音楽を聴くにも近所に気兼ねする」などの不便さがあったはずです。

しかしこの不便さからは、まだウォークマンを必要だと語れるニーズは出てきません。そこに小さなテープレコーダーを外に持っていって聴く、という経験が登場することで、初めて商品企画のきっかけが生み出されてきます。

しかしこの段階でのニーズ調査では、「何が欲しいか」と質問しても消費者はまだ自分の欲求が把握できず、明確な回答は得られません。それゆえ、どんな不便さや困りごとがあるかに関連する内容を聞き出す調査が重要なのです。

たとえば自転車に乗れるようになった子どもを考えてみると、当初の「自転車に乗りたい」というニーズがかなうと、親と一緒に電車や車でなければ行けなかった遠い地に行ける、「行きたい」というニーズが意識されるようになります。それまでかなわなかったニーズを満たすと同時に、新たなニーズ（意識）が創造されてくるのです。

このような「潜在ニーズ」は、もともと何かの欲求としてあるのではなく、矛盾を解決するプロセスのなかで、前提となる経験を通して創られてくるものです。

冒頭のｉＰｈｏｎｅの例でも、成功の前提として、携帯電話とＰＣによるウェブ閲覧が普及していた状況がありました。そこにアップル社が先行してｉＰｏｄを世に出して、新たなネット閲覧のニーズを生み出したのです。

このようにニーズ調査の手法では、完全な商品とすることに固執するのではなく、ある程度使えるものをできるだけ早く市場に出し、その使用経験を検証していくなかで、より完成度の高い商品に仕上げていく発想が求められるのです。

企画調査の心理2

潜在ニーズを掘り起こすコンセプト形成

目標と現状との間のギャップ（達成されなかった部分）を埋めることが成功の条件とされます。「ギャップ分析」という問題解決の手法は、目標と現状の差の大きさをみようとするもので、理想を達成するためにその「差」をどう埋めるかを考える方法です。

この手法は、問題解決にあたって「診断→ギャップ理解→解決」という三段階で解決の状態へともっていくものですが、そこには二つの落とし穴があります。一つが、そもそもの「目標」が正しいことを前提としている点です。もう一つが、解決への道筋が一本線のようになっていて、全体として関連しあう道筋が想定されていないため、部分的な穴埋めですましてしまいがちな点です。

現実の世界は多様で、かつどこかでつながり合っていたりします。そのため網目のように相互作用が働いていることから、一つの道だけにこだわることはかえってリスクになりかねません。

そこで実際の選択ではまずなによりも、ありたい姿を「仮説設定」することが重要になってきます。ここでは「仮説」と表現するよりも、「満足した望ましいイメージ」と言ったほうがわかりやすいかもしれません。イメージが鮮明であれば、そこに至る道筋の多様さに気づき、チャレンジを促すことになるからです。ギャップ分析からはこのイメージをつくり出すことはできません。

この仮説的なイメージは、一般的な問題解決法である帰納法（deduction）や演繹法（induction）とは異なり、「アブダクション」（仮説的推論）という仮説づくりと関連しています。

・帰納法：多数の観察事例から一般化されたルール（法則性）を具体から抽象へ導く
・演繹法：ある一つの観察事例からルール（法則性）を決めて多くの例に当てはめる
・アブダクション法：まず先に仮説モデルをつくり、それをベースに試行的に検証し

ルール（法則性）を見つける

アブダクション法は、全体への解決に向けた「先取り行動」のありたい姿から生まれるものです。ここに事業コンセプト（当該事業において、だれに、何を、どのように提供するか）などを「ありたい姿のストーリー」にするわけです。

たとえば超高層ビルの上階に店舗を構えていることから、横浜ベイブリッジが見渡せるレストランを例に検討してみましょう。このレストランは、地上一階の道路脇の掲示板に写真付き料理メニューをほかのレストランと並べて設置していました。人通りは多いのですが、お客様は上の階まできてくれません。このような場合、どういう形の宣伝をして売上げを伸ばそうとするでしょうか。

この店では、お客様からの声もよく聞き、満足した経験などを調べました。すると料理そのものよりも、夜景がきれいなことから、窓ぎわでのベイブリッジを眺めながらの食事が、いちばん満足度が高いことがわかりました。

そこでありたい姿（店のコンセプト）を「横浜一のベイブリッジが見えるお店！」とし、メニュー名も「ベイブリッジ」をキーワードに、「ベイブリッジ満天セット」など比喩的なネーミングに変更しました。また、地上一階にある案内写真も、橋の夜景が窓から浮かびあがるように工夫したところ、結果は大好評で、カップルやシニア夫婦の予約が入り、売上げも上がりました。

この例でわかることは、これまで店主は、お客様に何をアピールしたいかストーリー化していなかったという点です。まずは顧客の経験をゼロから見直し、顧客の求めているサービスと、実際のサービス内容の間にあるギャップが何かについて、部分的に埋めただけのギャップ分析をするのではなく、「ベイブリッジのブランド性」を活かしたストーリーにして、自分たちの店のありたい姿を描いたことが、成功の決め手となりました。

つまり、①自社コンセプトの分析→②ストーリー（表現）による焦点化→③顧客のサービスイメージの転換、の三つの流れ（コンセプト）の形で解決したのです。

サービスには「入り口」と「出口」があります。入り口では顧客の期待レベルとニーズを把握し、それを顧客側にも明解な表現（メタファー）で示してニーズ解決のありたい姿のストーリーとして理解してもらうこと、そしてそのためのコンセプトづくりが大事だといえるでしょう。

企画調査の心理3

アブダクション型仮説の試行と実践

売上げだけに関心が向いてしまうと、大きな落とし穴にはまるリスクが高まります。落とし穴のひとつが、販促費などをかけて集客すれば売上げが上がるという思い込みです。これは、ＰＯＳ情報などの分析を通じて顧客ターゲットを決める販売方法にありがちです。

これに対してセブン＆アイ・ホールディングスの鈴木敏文前会長が強調するのが、「仮説検証」と呼ばれるプロセスを実践することです。鈴木氏は若い頃に心理学も学んだと述べていますが、仮説検証のサイクルをスピード感をもって回すことが小売業界に不可欠であることを実績で示してきました。

そのポイントは、情報をただデータから集めるのではなく、まず自らの仮説により「ありたい姿」が何かを描くことにあります。それはビジネス心理学でも強調している仮説検証の仕方であり、顧客の動きを予想するための「アブダクション法」と同じ方法をとります。

具体的には、実践を前提にした仮説づくりのためのヒントを探します。それは現時点では、まだ小さな変化情報にすぎないかもしれません。それでも、まずは各現場の店長（スタッフ）が自分の責任として仮説をつくるのです。

たとえば店長が「商品訴求力の高い店にする」と仮説を立てた店では、店長のキャラクター（顔など）をＰＯＰのカードに描き、「店長お薦め」といった形で来客者の目につくようにします。そうすることで、その店舗が訴求したい商品を店長自らの顔で顧客に伝える場を生むのです。

次に、それによって顧客の購買行動がどう変わってくるかをチェックします。そのうえで、どんな販促や商品企画が必要かを考えていきます。

顧客の「買いたい心理」は、目には見えません。そのため、どこまで意識をしているかは、何かの物理的な目安がなければわかりません。そこにマーケティングのむずかしさがあります。

私はかつて、『顧客見える化』という本を出版しました。そこでは、顧客を見ているつもりでも、実際は見えていないことから、どうすれば顧客を把握できるようになるかを提案しています。ポイントは、データの「量」と、何のデータかという「質」の二つにあります。

小売業では顧客の購買データを収集・管理するとなると、その量は分析できないほど膨大になります。それを集めること自体はむずかしくないのですが、集めたデータを統計処理する方法は、ほとんど過去のやり方を踏襲するだけのケースが多く、それでは、データの質を問う部分が欠けてしまいます。

そこでまず先に、収集すべき顧客の「質」を次のような仮説のコトバでネーミングして分類してみます。

・半年以内に一度も来店しない離反客＝「損失客」
・年二回以上、クレームを寄せたクレーム客＝「リスク客」
・売上げ上位一〇％のロイヤルティ客の家族＝「関係強化客」

ここでは、顧客を三分類しましたが、これはあくまでその現場の顧客対策を考えるベースとなるものです。当然、常に妥当性があるわけではなく、業界や環境が異なれば別の仮説が必要となります。このように、分類の枠が仮説であり、それによって収集すべきデータの質が決まってきます。

このように、まず分類基準を設定してデータの質を先に決め、データの収集や解析はあとにするという順序に注意してください。質を重視することで、最初の自己の思い込みをまず崩していくのです。言い換えると、最初の段階で自己の既存のメンタルモデルを意識化しようとするものです。

この意識化を通じて、より自覚的な仮説検証を実践できるようになります。歪んだ仮説のメンタルモデルを無意識に抱えたままでは意味のないデータを取り込んでしまい、情報の量が増えても、分析そのものは曖昧なままになります。それは、ジャンクフードをたくさん食べると栄養が偏ってメタボになるのと同じことです。

認識のメガネ自体が歪んでいるなら、いかに正確な情報収集などしてもその評価自体が歪んでしまいます。統計的な客観性よりも、まずは仮説を徹底的に掘り下げることを忘れないようにしたいものです。

企画調査の心理4

経験価値をつくる「心理的アンカー」

あるテレビ通販で赤外線式の調理用加熱器が売られていました。通販ではよくセットで付属品をつけますが、このときは三個もオマケを追加し、最後に幻の芋ともいわれる種子島産の黄金芋十個も加えて、価格は二万円でした。とても売れたようです。

この価格が安いかどうかはわからなかったのですが、実はわが家でも買いました。買うきっかけとなったのが、黄金芋です。焼きたてのおいしそうな映像が映し出され、別途で買うと五千円もするとのこと。家電製品には珍しい食材のオマケが、購買の「心理的アンカー」（きっかけ）としてとても効果的だったわけです。

売る仕掛けという視点から重要なのは、もしオマケが家電製品ばかりだったなら、購買層は限られていたことでしょう。少なくとも、わが家では買わなかったはずです。焼き芋程度にと思われるかもしれませんが、それを実際に家で焼いているイメージは、調理器からは描けません。心理学のコトバでいえば、焼き芋は家庭でつくれないというメンタルモデルが働いてしまうからです。

逆にこの通販では、その固定的な消費者のイメージに働きかけることで、競合品と明確に差別化をしたことになります。セット販売の成功モデルとして考えてみると、付録的な商品を追加する以上に、まずコアとなる「経験価値」が何かを軸にした心理的アンカーを設定し、イメージとして描けるようにしている点がポイントです。

経験価値とは、顧客の感情や五感、思考に直接響くような「経験」をつくり出すことに価値をおく考え方で、コロンビア大学のバーンド・シュミットがマーケティング戦略として提唱しています。

この例では、焼き芋を食べるという「ＦＥＥＬ」（情緒的経験）の価値を訴求しています。そうすることで、顧客（見込み客）は、従来の自分の固定観念に制約されずに、新しい消費体験をイメージでき、それにふさわしい商品を選択するわけです。

家電の販売が低迷しているといわれますが、その要因のひとつは、売る仕掛けがワンパターンだからかもしれません。高度な機能での差別化にとらわれているメーカー側にも問題はありますが、売る側、営業側も訴求すべき心理的アンカーが何かを明確にとらえ、売り方を工夫する必要がありそうです。

たとえば、調理器と食材をセットにするという売る仕掛けは、消費者の心理からすると自然なことです。欲しいのは高機能な調理器よりも、新しい体験（焼き芋を家庭でつくり、食べる）だからです。ここでの売る仕掛けとは、商品の機能や品質と同じく、それを使う場の経験価値を生み出す心理的アンカーを何にするかを考えることであり、それをセット販売、クロス・セリングといった多様な販売方法に落とし込むことが大事だといえるでしょう。

別の例でみてみると、温泉街に近い駅のプラットフォームなどに足湯が設けられ、乗降する際に利用できるようになっていたりします。この場合、足湯につかる前までは温泉に行く気持ちがなかったとしても、足湯につかっているうちに温泉に入りたいという気持ちが生まれてきます。つまり温泉の経験をそこで実現しているのです。そして、その先取りした経験が心理的アンカーになり、温泉への誘導線になっているのです。また化粧品メーカーなどは、よく試供品のキャンペーンをします。こうした試供品を用いるという「先取り行動」も、心理的アンカーをつくる試行経験だといえます。

先取り行動の効果とは、その先にある成功した状態を類似的な形でイメージしたり、実際の行為でつくるものです。それを行動の動機づけのきっかけにして本格的なサービスへと連動させるプロセスが重要なのです。人は自分が経験していないことに対しては抵抗感が強く働き、頭でよいと思ってもなかなか行動がともないません。それゆえに、まず行動を優先させるのです。これが先取り行動の経験価値の意味です。

それは、もっと深く掘り下げると、めざす目的をどれだけリアルに行動前に理解できるかにかかわってきます。その未来の経験イメージがリアルな形で実感できるようにする、その試行的な行動を与えるものが、動機をつくる心理的アンカーだといえるでしょう。

企画調査の心理5

シニア客を買う気にさせる「ストーリー」

人は歳とともに何をするのも億劫になってくるものです。特に男性は同じ商品を買い続ける傾向があり、買い物がそれだけ習慣化されてしまうといえます。私も同じブランドのコンタクトレンズを三十年間も買い続けていて、最近やっと使い捨てタイプを試しに買ってみました。なぜこんなに、習慣に依存してしまうのでしょうか。

歳をとるといろいろな情報を一度に考慮する「ワーキングメモリー」（作業記憶）が衰えてきます。保存された記憶を想起しながら、適切な判断をする脳部位で働くのがワーキングメモリーですが、これが弱くなってくるのです。そのために、人の意見も大まかなこ

としか記憶に残らず、経験したエピソードの形になっていないと無視しがちです。また、良し悪しの判断が明確でない限り、自ら動こうとはしなくなります。

このような理由から、シニア客に購入メリットを説明する場合は、商品の解説ではなく特徴あるエピソードを「成功したストーリー」で語り、同時に行動を促す仕掛けが必須となります。コンタクトレンズの例であれば、書斎のＰＣで動画などを見ているシニアを主人公に、通販サイトをクリックするだけで購入できて、しかも定期的に送られてくるような物語として描くと効果的です。

また、シニア客には「自分らしさ」に訴えかけるストーリーが有効です。なぜなら、年齢が上がるほど、自分らしさにこだわるようになるからです。同じストーリーで語っても、それが自分にふさわしいという感覚が生まれなければ、買う気にならないだけでなく、習慣行動に依存した状態のままになってしまいます。私も、使い捨てコンタクトのＣＭで、ＰＣをよく使う学者が疲れ目を癒すシーンを見ていたなら、自分にマッチしたものとしてもっと早くに買っていたかもしれません。

心理学者アブラハム・マズローは、満たされた社会のなかで最後に求められるようになるのが自己実現の欲求だと予測しました。これは、高齢化社会が進むに従って消費行動の特徴に応じたストーリー型の広告やマーケティングが必要となってくることを意味しています。

ただしそれは、顧客の「自分らしさ」を演出する内容であること、そして習慣行動を変えるきっかけを与える仕組みがあることが前提になります。このときストーリーは、シニア客の「受容的幸福感」（自己の現状をそのまま肯定する幸福感情）に訴えかけるものが特に有効です。同じストーリーで語っても、それがあるがままの自分に満足できるものでないと、ギャップ意識が生まれ買う気にならないからです。

私たちはだれもが幸せになりたいと思い、仕事をし、そこで成果をあげようとしています。ところが日本の調査では、その幸せ感情が満たされているのは二〇％程度にすぎず、逆に不満でイライラしている人が六〇％もいるという結果が出ています。そこからは、「仕事で成果を得るために幸せを捨てている」という寂しい現実が浮かび上がってきます。

ブータンの国民の幸福度が九〇％を超えていることはよく知られていますが、その同じ調査で、軒並み六〇％を切っている先進国のなかでも、日本は幸福度が極端に低いのです。

「幸せ」というテーマが先進国に大きなインパクトを与え始めたのは、二十一世紀に入ってからだといえますが、その背景にあるのが、商品が溢れ、多様な人の交流が活発になるにつれて、自分の生きる価値や個性といったものへのこだわりが生まれてきているこ とだと解釈できます。そのようななかで、他者との共同理解や親密な関係性を求める感情が高まり、だれからも認められることが幸福につながるという、人間関係中心の受容的幸福感がもてはやされるようになってきたといえます。

いずれにせよ、シニア客は安いから買うのではなく、自分にふさわしいから買うのです。そういった商品企画とストーリーを活かした広告訴求が重要だといえるでしょう。

企画調査の心理6

人にものを聞くことができない男性心理

　何か問題が起きたときにどんな行動によってそれを解決しようとするかは、男女でかなり違いがあるようです。たとえば仕事で何か迷ったとき、①試行錯誤の行動をしてみる、②インターネットなどを用いて情報を集めてみる、③人に聞いたりする、のうち、どの行動パターンをとるでしょうか。

　学生を対象にした私の調査では、男性は②が多く、女性は③が多いという結果になりました。男性はそもそも人に聞くことを負担に感じるのです。これは私も含めてですが、道に迷ったときに人にすぐ聞くかどうかを調べた調査では、男性は女性の三〇％ほどしか聞かないということがわかっています。

男性は明らかに、聞くことをしない傾向が高いわけですが、その理由は自尊心のもち方が女性と異なるからです。女性は困ったときには互いに親密なコミュニケーションをとり、よく話を聞き、相手にも自分の気持ちなどを伝えようとします。これは日頃から、いわゆる井戸端会議でやっていることでもあるのです。

一方、男性はみなで相談ごとを話すようなことはせず、自分の優位性や能力が高いことを認めあえるコミュニケーションを好みます。男性はしばしば、自分が買うカメラ等のうんちくを語ったりしますが、そこで新しい情報の交換をしているのです。つまり、女性のように感情的な共感を求めるより、情報の価値のほうに重きをおいているといえます。

男性は自分が相手に与える情報価値が高ければ自尊心も満たされる結果、その場が楽しいとなります。逆に与えられる側になると自尊心は低く感じられるのです。そうした理由から、道に迷ったときにも簡単に他人に聞くことができなくなるというわけです。

あなたが男性なら、奥さんなどから、たとえば道を尋ねることに対して「なぜそんなことを恥ずかしがるの？」と言われた経験はありませんか。そこには意識していないかもしれませんが、自分が相手に聞いて、もしその人が嫌な感じを見せたら自分の面子が…といった変なプライドがあるのではないでしょうか。

男性は自尊心の壁に阻まれ、自分を相手によく見せようとしがちです。心理学ではこれを「自己呈示」といいます。これは、プレゼンテーションを上手にしなければならないような場面では大切ですが、自分の素直な疑問を出すのには不向きです。他方の女性は、友人たちには自分の気持ちに共感してもらいたいと思い、飾らずに感情を表出します。これが「自己開示」であり、自分の本音や秘密を分かちあう形で共感を強めようとするもので、互いの好感度も高くなります。

このような男女のコミュニケーション心理の違いは、問題解決の仕方、特に人に相談するかどうかの違いとして表われてきます。どちらがいいかは程度の問題もありますが、男性は自分が思っている以上に損をしているのかもしれません。

企画調査の心理7

「スリップ」と「ミステイク」の違い

人は意図してミスをするわけではなく、結果として間違いをしてしまうことがありがちです。ミスがなぜ起きるのかというテーマは、認知科学の土台ともなるもので多くの研究成果があります。**たとえば、アメリカのゼロックス社パロアルト研究所長でもあった認知科学者ドナルド・ノーマンは、人が意図せずに犯すミスを「スリップ」と定義し、意図自体が間違って犯す「ミステイク」と区別しました。**

これは医療や福祉分野でとても重視されるもので、注射器に入れる薬剤を間違うミス対策に応用されました。以前は、看護師が医師の指示で薬剤を注射器に入れるとき、瓶に書かれた文字を読み間違えて劇薬を入れてしまう事故が、少なからず発生していました。通常のリスク対策としては、壁に「注射器に入れる薬剤を間違えるな」などの注意書きを貼ったり、薬瓶に赤い文字で「注意」と記すことがあげられますが、それではミスは減らせませんでした。

そこで、注射器を用いる（注射を打つ）状況とはどのようなものかを分析したところ、医師と看護師の間のメッセージ交換が、言語だけでなく、身体的な動作を通じて行なわれていることがわかりました。たとえば、次のとおりです。

医　師：「△△症の兆候があるようだから、××薬を打ってみます」

看護師：「××薬ですか。えっと（手を薬瓶にのばし目で確認後）、ハイお願いします」

こうした場面では、薬剤名を聞き間違えるスリップや、同じ形の瓶が並ぶなかから、該当する薬剤の瓶を手にとる際の動作スリップが起きやすいことが観察されました。その結果、劇薬は薬瓶を手にした際にその形状からわかるよう、瓶のデザインが変更されました。このほかに薬を入れる箱を変えたり、瓶に色で識別できるテープを巻くなどの取り組みが、病院ごとに工夫されています。

確かに、ある程度はそれで人の注意を促すことができますが、実は、「ミスするのは注意が足りないから」という発想そのものに問題があるのです。

人の注意力や意識には、限界があります。それを前提にして、いかにミスを防ぐかが重要なのです。そこでは人とモノの「相互作用の仕組み」を考えることが求められます。ドナルド・ノーマンらはこの接点を「ヒューマン・インタフェース」と呼び、人がモノをどう使い操作しているか、その接する場面を把握するために、世界中で家庭の電気機器の使い方などを調査しました。

その結果、利用者は商品を意図されたとおりには使っていないことがわかってきました。そこでは我流にアレンジしながら、自分の置かれた状況を利用して都合のよいものに変えていくといった認知プロセスが多く発見されたのです。そしてそれは、人の行動を秒単位で観察する必要性や、人の注意力に頼らない仕組みをどうデザインするかなど、「せざるをえない状況」の仕組みの再発見につながりました。

現在、各種のイノベーション開発などで、人にやさしい仕組みの構成やデザインが注目されています。使いやすさを高める以上に、人の創造性や能力を拡張する開発手法が取り入れられているといってよいでしょう。

企画調査の心理8

変化を前提に偶然性を取り込む

マーケティングでは、商品開発や販促プロジェクトでの計画づくりが成功の是非を決めるといえるほど重要です。この場合、計画には、行動のシナリオ立案を目的にしたものや、建築の設計図のように構造化を厳密にしているものなど多様なタイプがあります。ここで取り上げる例は、十名ほどのプロジェクトにおける計画立案です。各人がどこまで厳密に計画を立てておくかが重要なポイントです。

プロジェクトでは専門や部門の異なる者同士が協力せねばならず、前提条件が変化しても柔軟に対処できる計画性が求められます。最初から全体を詳細に決めることはむずかしく、また現実的ではありません。そのため、変化と偶然性リスクを最初から組み込んだ計画づくりが求められます。

たとえばキャリア計画などを考える方法として、スタンフォード大学のジョン・クランボルツの「プランド・ハプンスタンス」（計画された偶然性）という理論がよく知られています。また、そうした変化に富む計画性の応用としてプログラム開発で注目されるのが「アジャイル開発」です。

プランド・ハプンスタンスとは、個人のキャリアの八割は予想しない偶発的なことによって決定され、その偶然を計画的に設計して自分のキャリアを良いものしようという考え方です。一方、アジャイル開発は、計画一つひとつを短いサイクルとして、それを一つのセットとするもので、利用者が試してみる機会を多くつくれるようにします。そして、利用者がどんな反応をするかチェックして問題を洗い出し、その改善策を取り入れて早い段階で計画を修正していくものです。

たとえば、あなたが学生でＣＭプランナーになりたいとしたなら、ＣＭ制作会社に入るのがベストかもしれませんが、それは競争が激しく何回も試験で落とされるかもしれません。

そこで、大学生のときにポスター制作のアルバイトなどを通じて表現力を習得したりします。また、これと並行してボランティアで国体の広告担当になってみるなどするのです。つまり、ブランド・ハプンスタンスにより、いくつかのＣＭづくりと似た仕事に携ることで、ＣＭプランナーへの道を開いていくキャリア開発だということができます。

第3章

マネジメント心理

動機づけの心理1

「動機」と「やる気」と「欲求」の相違点

やる気のない社員になんとか動機づけをしたいと悩む人事担当者や経営者は多いようです。心理学はその解決法の土台となるはずです。

ところで、「動機」と「やる気」の違いは何なのか。この区別はとても大事なので、ここで整理しておきましょう。**まず動機は、その場やその時点で簡単に変化するものではなく、ある行動傾向に結びついた心理要因で、「モチベーション」とほぼ同じ意味をもちます。一方、やる気は、雨の日や眠いときなどの外的要因や、他者との関係性、気分などで変化する、何かをやろうとする気持ちや意欲を指します。**

つまり動機（モチベーション）とやる気は、意識面と継続性が異なります。「あなたがこの職業を選んだ動機は何ですか?」と聞かれたときの答えが仕事の動機であることを考えればわかりやすいはずです。

では、動機を構成するものは何か、その主な心理要因を考えるときに心理学が注目するキーワードがいくつかあります。まず、臨床心理学者フレデリック・ハーズバーグによる「衛生要因」と「動機づけ要因」の区別がよく知られています。

「ないと困る」「あって当たり前」とするのが動機の衛生要因です。何か欠けたときにだけ自分を奮い立たせて動かす、もしくは必要に迫られて慌ててやるという場面を考えてもらうとわかります。たとえば水道がとまったらとても困ります。会社の福利厚生やオフィスも同じです。しかしそれらは、自分が幸せだと感じるほどの直接の「内発的動機」の要因にはなりません。

内発的動機とは、人が内側からの欲求（本音）としてそれを達成しようとするものです。その対極にあるのが「外発的動機」で、賞罰や給料・ボーナスなどを含めた外部からの要因によって生まれる動機です。**また、欲求と動機の区別をしておくと、欲求は動機の生理的な面を強調するものです。動機のエンジンにあたるのが欲求であり、動機はその走って**

いる過程や働き全体を意味する心理用語といえます。

これらから、動機づけ要因とは、「自分の能力を活かし価値ある仕事を達成したり、人から尊敬されたりすることに関連する心理要因」となります。それはちょうど、マズローの欲求段階説の三段から上の層にあたる欲求に対応するものです。つまり、「尊敬欲求」「自己実現欲求」などであり、自分がやりたい仕事や生きがいにあたる内発的動機の内容になります。それが欠けると、生きている意味や存在価値が薄くなるものだといえるでしょう。

動機づけの心理2

先取り宣言（アファーメイション）で動機づけ

考えるより実際に行動するほうがむずかしいのは当たり前です。目標を立ててもうまくいかず、失敗に終わることもあるので、そうならないように事前に手を打っておく。とりわけ、周囲に向けて目標を宣言する「アファーメイション」はプランを成功に導くために重要です。

たとえば仕事のメンバーに向かって「今月中に契約を十件とる！」と宣言します。宣言は他者だけでなく、自分自身へ向けてのメッセージともいえます。宣言どおりに実行することは「自己信頼感」を強化し、自分への説得効果からさらに好循環が生まれていきます。

これをビジネス心理学では「ポジティブサイクル効果」といいます。この逆が「ネガティブサイクル効果」です。ストレスを受けてイライラし、それが周りにも影響を与えて互いの不信になってチーム活動が分裂するなどのケースがあげられます。

目標を宣言しても、それを実行せずにいると、自分のなかに「認知的不協和」（認識と行動の矛盾感）が発生します。そしてそれが自分をいらつかせるため、無意識に認識を正当化して矛盾を解消しようとするか、あるいは行動を起こして矛盾をなくすよう努力します。それを、解決への行動に結びつけていくことが必要です。

ここでの重要なポイントは、課題や目標をすべて解決あるいは達成することではなく、どの程度実行しているかという事実を積み重ねることです。アファーメイションで先取りの宣言をすると、それを信じた人々がその期待に沿った行動をとることによって実現しやすくなるのです。これは心理学では「予言成就効果」とも呼ばれ、宣言する行為自体がその行動へのモチベーションにつながります。

先取り行動が多様な局面で応用できるなら、さらに「スリーパー効果」で上司を説得することにもつなげられます。まずは、ある中堅メーカーの企画担当者Aさんが企画案を繰り返し出したことにより、それが取り上げられた例を見てみましょう。

Ａさんが企画書を提出すると、初回は部長から一蹴されましたが、三ヵ月後にまた同じ企画案を提案しました。このときは反対も賛成もなく、考えておくと言われただけでしたが、その三ヵ月後、部長から新しい企画があると呼ばれました。

その企画は、Ａさんが出していたコンセプトそのものだったのです。それを部長はあたかも自分が考えたかのような言い方で、これをやってみろと指示してきました。Ａさんは、もともと自分の考えた案だから、三回目の提出と同じことだと考え、何も言わずに「やらせていただきます」と部屋を出たのでした。提案した企画案は、部長からは二回とも承認はされませんでしたが、先取り行動による粘り勝ちといったところでしょうか。

しかし実は、これは単に粘ったからではありません。部長の意思決定は日常の記憶の歪みによるもので、良いと感じていなかった案が時間が経つにつれてＯＫとなったのには原因があるのです。

部長はそもそも若手の企画案をそれほど信用していませんでしたが、時間の経過とともに、提出者がだれであるかに関係なく内容そのものの記憶が残ります。さらに時間が経つと、だれがそれを言ったかは不確かになり、最後にはその内容をもともと自分が考えていたと思い込むという心理が働いたのです。これが「スリーパー効果」です。言い換えると、

当初の記憶が信頼性の低い評価をしていても、時間が経つにつれてだれが言ったかは忘れてしまい、内容のみが残る記憶効果です。実は私もこの手で企画提案をしていました。

いつも忙しい上司は、その場では何くわぬ顔で聞いているだけでしたが、何回か同じことを繰り返し伝えるうちに、自分も以前からそれを考えていたと思い込んでくるのです。それを、上司が自分のアイデアを盗んだと思う人がいるかもしれませんが、それはかえって損なことです。

結果としては自分の企画が通り、上司からも自分の意見と同じだという共感を得て、むしろ両者ともにウイン・ウインになれるというものです。

動機づけの心理3

食べたい欲求を我慢できますか

スタンフォード大学のケリー・マクゴニガルは、意志力は筋力トレーニングのように鍛えることができると言っています。その著書『スタンフォードの自分を変える教室』では意志力をテーマにした「マシュマロ実験」が紹介されています。

四歳の幼児におやつのマシュマロを見せて、母親は「十五分くらいしたら戻ってくるから、それまで食べないでいられたら、もっといっぱいあげる」と約束して出て行きます。

さて、幼児は我慢できるのでしょうか、というものです。

この実験からわかったことは、我慢できた幼児は意志力といわれる一般的な能力が強いわけではなく、自分で我慢ができるように行動を工夫していたというものです。たとえば、我慢できた幼児は目の前のマシュマロを食べそうになる瞬間、気をそらすため横を向いたり目を閉じたりします。我慢できなかった幼児は少し舐めたり、じっと目を向けたりし、ついに我慢がきかずに衝動的に食べるという行動に至ります。

また、我慢のできなかった幼児にあとから親が工夫を教えることで、三〇％が我慢できるようになったことも実証されています。意志力はすべて精神的な根性のようなものがあるからだと思う前に、行動の仕方の工夫に注目したところが重要です。

さらにこの実験では、幼児が成人してどう変わったかまで調査しています。我慢できた幼児は大学の学業成績、給与、地位などでもずっと優位にあることが明らかになっています。目の前にある食欲を我慢できるかどうか、そんな我慢する意志力が成人になったときの成功の可否を決めるのだとすれば、これを鍛えない手はありません。

では、マクゴニガルの言うように、意志力は筋力トレーニング同様に伸ばすことができるのでしょうか。

ここで注意したいのは、意志力には、鍛えることはできるが使いすぎると疲労し、極端に弱まるという特徴があることです。意志力は使うと弱まり、減ってしまうと、補給にしばらく時間がかかるのです。また、意志力が弱まったときに重要な会議などで意思決定をすると、間違った判断や性急な結果を求めることになりがちです。

意志力と同様な意味をもつコトバに「根性」「我慢強さ」などがありますが、同じような原理が働くといえます。いずれも、何かの目標に向かって自分の行動をコントロールし成果を出す努力をいとわないといった意味です。

意志力には思考と感情の二つの側面があることも考慮しておく必要があります。妥当性をどこまで深く考え、そのリスクや成果の判断をするかという思考のレベルと、継続して行動を促進させる感情が絡みあっています。思考と感情を切り離すことはむずかしく、それぞれの側面でどんな意志力の制約やリソースがあるかを知ることが重要です。

たとえば学校という制度自体が、教師個々人の意図とは関係なく、子どもの学ぶ意志力をなくす働きをしていることが実証されています。これは無気力が学校のなかで再生産されていると指摘したポジティブ心理学者マーティン・セリグマンの研究によるものです。

この考え方は教育界全体にとっても重要なものとして注目されましたが、個々の教科教育で解決できるものではありません。それをセリグマンは「学習された無力感」としてポジティブな自己観（自己信頼や自信）の必要性を述べているのです。

こうした制度の意志力への影響とは別に、身近にいる根性のある人や意志の強い人を見ていると、何気ない行動のなかで一貫して目標や成果を達成する努力をしているように感じられます。つまり行動を習慣化しているのです。ダイエットでジムに通うことも習慣になっていれば、意志力はさほど必要ではない気がします。習慣行動と意志力が結びついているなら、意志力を鍛えることは、一方では習慣行動をいかにつくるかという課題としてとらえることができます。

私は十二年間、週に五回ジムに通っています。習慣行動といえるものですが、私の意識としては、ちょっとした工夫で習慣としたにすぎません。その工夫とは、自分がやりたいと思える習慣行動をとにかく三週間続けてみることです。そうすると次の三ヵ月もほぼ継続できるようになり、さらにそれができると一年間は続けられるようになります。

こうした習慣行動定着への取り組みは意志力を鍛えることにつながり、その行動が続けられるようになれば、ほかの意志力の領域へと拡張できるようになるのです。つまり意志力は別の行動への転用がきくのです。この意志力の転用原理を利用すれば、自分が強みとする領域で意志力を鍛えておき、その後に弱みカイゼンへと転用すると、あまり無理をしなくても弱みの克服につなげられると考えられます。

動機づけの心理4

目標を「方向、プロセス、成果」で管理する

「理念」というコトバがマネジメント誌などで取り上げられ、理念教育の重要性が強調されています。しかし理念を教えるには、金銭的な動機とは違うレベルの動機づけが必要になります。一般の企業では動機づけを給与アップでしようとしますが、その方法が理念には効果がないことから、理念教育はむずかしいのです。

ところで、なぜ理念を教えることが必要なのでしょうか。その理由として次の三つがあげられます。

①目標管理の方法として企業の戦略的な目的にかかわるものだから

②社員一人ひとりが生きがいや責任感をもつうえで不可欠なものだから
③企業の組織としてのブランドをつくるための手段だから

ビジネス心理学では理念や価値を柱にした目標を「方向目標」と呼びます。たとえば、「顧客第一」という理念は、「利益第一」とまったく異なる方向をめざすからです。また方向が決まっても、それだけではどこまでやればよいかという量がわかりません。「どこまで」（達成の段階）、「どうやって」（途中の目標）もあわせて考える必要があるのです。

ここでは、目標設定の面から行動の目安となるものを「プロセス目標」と呼び、最終的な成果となるものを「成果目標」と定義しておきます。

たとえば、会計士資格の取得という目標について、何のために受験をする（資格を取得する）のかという大きな方向づけの目標が「方向目標」です。金持ちになるためか、独立した専門家になるためか、などの方向性を決めるもので、ミッションとも重なります。そして、合格達成に必要な毎日のプロセス目標は、「毎日五ページずつ教科書を読む」などです。それにより、合格という着地点である「成果目標」に向けて、毎日どれだけ努力をすればよいかがわかります。

動機づけの効果は、これら三つの目標の掛け合わせで表わすことができます。

動機づけの効果＝方向目標×プロセス目標×成果目標

これら三つの目標は互いに関連しあっており、どれか一つが欠けてもうまく動機づけによる成果は出せず、失敗という結果に終わります。方向を誤ればせっかくの成果も、その途中でのやり方も見当はずれなものとなり、努力の意味がありません。また方向が正しくとも、成果が出ていなければ、そのやり方でどこまで続ければよいかがわかりません。そして、方向と成果が共に正しくても、やり方がわからないと、どう行動すればよいかわからないので動けません。

そこで方向目標、プロセス目標、成果目標それぞれで目標を見える化するとよいでしょう。このように、目標の相互関係を理解することが、動機づけのビジネス心理学の課題であり、目標を行動へと転換していく前提となるものなのです。

動機づけの心理5

自己の成長や幸福につながる目標とは？

私たちは働くなかでの目標とは別に、本音の部分での根本的な目標（目的）をもっています。それは生き方にもつながるもので、動機づけの心理学者として知られるキャロル・ドウェックは次の二つに分類しています。

・遂行目標：他者への自己能力の提示や周りの評価を受けることが目標となる
・習得目標：自分自身の成長と能力獲得が目標となる

AさんとBさんの二人の営業課長が今期の売上げ目標を達成するために、同じように頑張っているとします。Aさんは売上額だけを追求しています。売上げ目標の達成が自分の昇進に影響するからで、結果が出ないときは落ち込みも大きく、部下にもさらにきびしく結果を求めたりします。これが「遂行目標」を志向するタイプです。

一方のBさんは部下の自律性を大事にしているので、何のためにその目標を達成する必要があるのかという意義をよく話しています。そして、仕事のプロセス自体が意義のあるものと説くことを優先し、成果があがらなくても、そこから学んだことを大事にしています。このような立場が「習得目標」を志向するタイプです。

遂行目標タイプでは、成果を達成するためにいまを犠牲にすることも起こりえます。また、他者の評価が自己評価の基準となるために、場合によっては見栄をはって自分をよく見せようと努力したりします。それは、成果を出せば、幸せがあとからついてくると考えているからです。その根底には、「成果を出せないと幸せになれない→失敗（負け組）」といった失敗についての固定的なメンタルモデルがあるわけです。

ところが、習得目標を基準にする者にとっては他者の評判より自分自身がどう成長できたか、誇りや貢献といった価値を大事にするため自己本来のあり方を追求しようとします。

その結果、いまを大事にし、失敗をしたとしても、それを教訓として次の成長に活かしていくことができます。

ドウェックは、習得目標をもつタイプが長期的には幸福になれて、自己の能力を発揮できる動機づけのタイプであることを強調しています。『モチベーション3・0』を提唱したアメリカのダニエル・ピンクも、自発的にパズルゲームで遊ぶ子どもに、「勝てばお金をあげる」と言うと休憩時間でも楽しくゲームをしていたのに、それをしなくなると述べています。最初は内発的動機として行なっていた自発的な行動が、途中で金銭的な報酬などを与えられると内発的動機が減少してしまうというのです。これを「アンダーマイニング効果」として注意を促したのがロチェスター大学のエドワード・デシです。

デシは内発的動機を促進させる視点として次の二つをあげています。

・自分の行動について自己効力感（自分でコントロールしている感じ）があること

・社会（他者）のために自分が役に立っているという貢献感があること

この二つはドウェックのいう習得目標タイプをめざす人がもつ特徴でもあり、継続した幸福感がもてる条件であることがわかってきています。

能力開発の心理1

なぜ日本人は血液型性格分類が好きなのか

日本で血液型による性格分類がブームになった背景を科学的に探ってみると、おもしろいことがわかってきます。そもそも、日本人の多くが血液型性格分類を信じていますが、海外ではこのような現象はほとんど見られません。それはなぜでしょうか。

日本人はもともと遺伝的にも心配症の民族だということがわかっています。これはセロトニンという神経伝達物質の量とも関係があり、うつ病の人はセロトニンが極端に少なく一般の人の二〇%ほどになっています。つまり、セロトニンは幸福物質ともいわれるように、感情を穏やかにし、ストレスを緩和する作用があるのです。そのセロトニンを運ぶ遺伝子は二つ（L型とS型）あり、どちらの型をもつかは、民族により、かなり比率が異なります。日本人は、セロトニンを運ぶ率の悪いS型が八〇％以上を占め、世界でもトップクラスです。ちなみに、欧米人のS型は四〇％ほど、南アフリカ人では二五％程度です。サッカー競技で、なぜブラジル選手らがセンターライン近くから大胆にシュートするのか、これでよくわかると思います。

日本人がとても心配性の民族だとすれば、そのことが血液型性格分類の確かさを高めることになります。すなわち日本人はA型の血液型の割合がほかの型よりも多く、A型を心配性の性格と紐づけると、知らない相手の血液型を当てられる率が高くなります。ほかの国では当たる率が日本のように高くならず、結果として血液型性格分類そのものに意味がないと感じてしまうのです。

そうはいっても、血液型性格分類がよく当たると感じている人もたくさんいます。これには一理あり、そこには信じられる理由を創り出す「予言成就」の面が表われているのです。

仮にA型の人は「心配症で、きっちりした性格で、真面目」という特徴づけがあると、B型やO型はその例外で両極端な存在になります。**タイプ分けで自分がB型だと思い込ん**

でいれば、その例外的な性格パターンに合うように、自分でいろんな場面での行動を解釈するようになります。これを心理学的に表わすと、特定のことに注意や焦点を当てる「選択的注意」が働く、となります。つまり、「やっぱりB型だね」といった形でB型の人の行動を合理的に解釈しようとすることで、わかり合えた気になるのです。

このようなことから、互いのコミュニケーションがうまくいくなら、その血液型性格分類が正しいか否かは二次的なことで、むしろ信じるほうが互いの心理的な溝を埋めるという意味でメリットになります。しかしそれは同時に、別の面でのデメリットを創り出します。

たとえば、社内ルールとして定時退社の時間を決めているのに、それを守らない人が営業部に二人いたとします。一人はA型で、もう一人がB型だとすると、部のメンバーはどんな理由づけをするでしょうか。おそらく、A型に対しては「仕事が忙しくて終わるまで時間がかかっている」とみなし、他方のB型には「決めたルールなど無視して調子のいいときだけ頑張っている」と解釈することも起こりえます。

そして、どちらかというとB型の人は、普通の行動をしていても例外扱いされることが多く、また自分でもそのように思う傾向が出てきます。**当人も自分の選択的注意によって**

目立つ行動だけに注目するようになり、いつの間にかそれが自分らしさのように感じてしまいがちです。これが「信じる＝現実になる」という「予言成就の効果」です。

さらに、このような血液型性格分類を特に信じやすい人がいることもわかっています。その傾向がある人は、日常的に不安感が強く、自分のやっていることに自信がもてない、うわさを聞くとだれかに積極的に話したくなる、あれかこれか（白か黒か）で物事を判断しやすい、などの傾向があるようです。

こうした傾向からもわかるように、血液型性格分類による誤った判断のリスクは、自分が意識しないうちに暗示が副作用として起きてしまうという点にあります。「信じる」ことによる安心感の中身を見つめ直すと、そこに何か強いこだわりやコンプレックス感情の働きがあることがわかります。

血液型性格分類は、幸福や成功へのリソースにもなれば、認識を歪める障害にもなりかねないことに留意が必要でしょう。

能力開発の心理2

メタファーによる怒りの自己コントロール

つい怒ってしまい口喧嘩になることがあります。それが夫婦間では、いつの間にか離婚に至ることも、さほど珍しくはないようです。このようなことから、いかに怒り（感情）をコントロールするかという「ＥＱ」（Emotional Intelligence Quotient）が重視されるようになってきました。

では、もし怒りを感じ始めたらどうしたらよいでしょうか。怒りは抑えるよりも外に出したほうがよいと言う人もいます。**こうした「ガス抜き」の考え方は根強いものの、心理学的には間違いで、かえって怒りの感情を増幅してしまいます。**

長期的なストレスであれば、発散させようとする考え方は正しいのですが、怒りという感情で同じように考えてはいけません。怒りを自己制御する「アンガーマネジメント」の視点から、次の事例を考えてみましょう。

A課長：どうして、あなたはいつもそうなのかな。私の言ったこと聞いてなかったの？同じミスをしているじゃない

Bさん：申し訳ありません。ただ、お客様がお急ぎのようでしたので、つい在庫を確認せず、すぐに送りますと言ってしまいました

A課長：結局、お客様が迷惑するわけでしょ。在庫の確認後にないことがわかったら、なぜ先にお客様にお詫びの連絡を入れなかったのかな？　嫌なことを先延ばしするクセが結局問題なんだなあ。しっかりしてほしいな！

A課長はこれまでもBさんに同じような叱り方をしているようです。怒りの背景には、過去にも同じような失敗を繰り返していることがあります。このような場合、A課長は自分の怒りがどの時点でピークになりそうか予測できるはずです。

そこには怒りの行動パターンがあり、決まり文句やしぐさが使われているからです。このケースでは、「どうして、いつもそうなのかな」のフレーズが怒りの出発点となっていることがわかります。

A課長が怒りをコントロールするには、その時点で「ああ怒り虫が騒ぎ出したなあ」と自覚することが必要です。怒りがわずかに芽生えた時点では、意識としては惰性に流れてしまいがちですが、このフレーズは実は次の「しっかりしてほしいな！」と連動しています。

「怒り虫」のようにメタファー（暗喩的な言い方）のレッテルを怒りの対象につけることがコントロールのポイントです。そうすることで、ネガティブな感情を客観視でき、自分のなかにある悪者にどう立ち向かえばよいかを冷静に考えられるようになるからです。

このようなメタファーを使ったユーモア表現は、意味を逆転させるなど平凡な見方を転換する力があります。心理的な問題への対処法はカウンセリング心理で「コーピング」と呼ばれ、メタファーを利用すると、より効果があります。

決まり文句を遮断することでも、怒りを自己コントロールできます。次の例にあるように、「売り言葉に買い言葉」はそのあとに続く行為を制約したり方向づけたりする力をもっています。

例1：ふざけんじゃないよ！↓なんだと！　この野郎！

このような悪循環を断つ方法として「家族療法」が知られています。家族療法とは、家族関係のコミュニケーションの改善によるカウンセリング法のことで、たとえば次のようなやりとりです。

例2：ふざけんじゃないよ！➡感情を害したなら謝ります。きちんと話したいので

例2では、買い言葉は避けて、自分が何を望んでいるかを率直な表現で語っています。そのため、怒りの感情に駆られている相手側も怒りの言葉が出にくく、言いすぎかなと気づきやすくなるのです。

怒りの感情は相手にも怒りを呼ぶ相互作用があることを自覚し、アンカーとなるコトバを発しないようにさせることがポイントです。それによって、相互にネガティブなサイクルをつくらずにすむからです。

例3：ふざけんじゃないよ！➡（少し間をとり深呼吸をしたうえ、冷静な状態で話す）

もちろん、次のようにコトバ以外の方法でも対処できます。感情がお互いに高ぶっている場合には有効な、中断休止の対処法（中断コーピングとも呼ぶ）です。怒りの感情が続くのは一分程度で、深呼吸をすれば、そのエネルギーが半減することがわかっています。少し間をおくなりすることで、異なる行動パターンをつくる。それがコミュニケーションに影響して、何らかの全体変化を生み解決へとつながるのです。

能力開発の心理3

なぜ「強み」にフォーカスするのか

就職活動中の太郎君は成績がよく、学習力が強みだと思っています。ある面接で学習力の内容を問われたので、「本を速く読む力」だと答えました。すると面接官は一冊の本を渡してその場で一分間、読むように伝え、理解しているかを試しました。太郎君は、解釈する力が欠けていることを指摘されましたが、それに反論できず、自分の強みが何かがわからなくなってしまいました。

面接官が渡した本は、太郎君がよく読んでいた小説などとは異なり、経済の硬い読み物だったことも原因と思われます。理論的な本に親しんでいなかったことが「弱み」になっていたのです。「本を速く読む力」という強みが、一方で「解釈する力」という弱みにもなる、そうした裏と表のトレードオフ関係を知ることが必要なのです。

太郎君の例からわかるように、現実の活動において能力が結果として表面に表われるのは、ある状況（制約）のもとに限定されます。その特定の状況（例では経済の本を面接で読む）に制約されるため、自分が思う強みの能力が発揮できない場合もあるわけです。ここに、強みを優先する一般的な考え方の「落とし穴」があります。それは能力それ自体を、個人内に「ある」と考えるメンタルモデルの歪みに関連しています。

能力が強みとして表われるのは、その対象となるモノや組織、そこでの人たちとの組み合わせや相互作用によるという認識が必要です。言い換えると、1＋1＝3になるような相乗効果が働くようにできるか、それが強みの発揮（効果）を決めることになるからです。

こうした相乗効果の見方について、認知社会学者のユーリア・エンゲストロームは「活動理論」として位置づけ、能力を「人―仕組み―目標」という三項目における関係の相互作用の結果としました。この、人と目標を媒介する「仕組み」（道具、IT、制度など）が能力を決める「バネ」（スプリングボードともいう）だとするものです。

その仕組みとの相乗効果をどう目標に結びつけるか、目標を仕組みとの関係で把握することがマネジメント心理学の要となっています。

強みをさらに強化することが、弱みの改善より重要だといわれますが、それはなぜなのでしょうか。

もし自分はストレスに弱く、努力しても無駄だと思い込んでいるなら、鎖につながれた象と同じで、何かしようとすることを最初から諦めてしまっています。これは自分が外界へ働きかける自信、つまり自己効力感が欠けているためだと考えられます。そうした自己効力感を検証するために、次のような心理実験が行なわれました。

一・七m離れた穴にボールを入れるゴルフゲームを設定します。穴の大きさは同じですが、錯視により、一つのグループは穴が大きく見え、もう片方のグループは穴が小さく見えるようにします。その錯視とは、穴の周りに大きい丸を五つ置き穴を小さく見せるものと、穴の周りに小さい丸を五つ置き穴を大きく見せるというものです。このときに、真ん中の穴が小さく見えるほうは、穴にボールが入る回数も少なくなってしまうというのです。

物理的には同じ大きさでも、錯視が起こるため一方だけが小さい穴に見えてしまう。そこが実験のねらいであり、この場合には大きい穴に見えるほうが、ボールを真ん中に入れる率が高まりました。その原因は、見かけ上の穴の大きさが、心理的なプレッシャーに対してどう働いたかに求められます。穴が大きく見えるほうが、入りそうだと思えるため自信が高まり、結果として行動もともない好成績になったと考えられるのです。

このようなことからも、強みを優先し強化することは自己効力感を上げ、その結果として、自己の能力を十分に発揮できるようになることがわかります。

能力開発の心理4

能力をどうやって診断・評価するのか

最近はウェブサイト上でも自分の「強み」を診断できるようになっています。試しにアメリカの大学が主催している強み診断のサイトにアクセスしてみたら二百三十問ほどあり、終えるまでに十五分ほどかかりました。結果は自分が思っているような内容で、特に新しい発見はありませんでしたが、説明文もついているので安心感を与えるもののように思われます。

ただし日本人にとっては、このサイトでの結果を自分の強みだと思うことには、いささか問題があると感じます。**いかに欧米では優れた診断であっても、東洋人とは能力・価値**

観に違いがかなりあるからです。

文化と民族性の相違点は、その遺伝子の違いを含め思っている以上に大きいものがあります。たとえば幸せ感情についての調査の典型的な例として、真ん中の人が笑っている集合写真が二枚あり、一枚は取り囲む十人も笑っている写真、もう一枚は真ん中の一人だけが笑っている写真です。それを順番に見せて「真ん中の人は幸せだと思いますか？」と問うものがあります。

欧米人は八割以上が両方とも幸せだと思い、東洋人の八割は真ん中の人だけ笑っているほうの写真は幸せでないと感じました。同様の実験を、留学生が半数近い私の大学でも、二百名ほどを対象に行なったところ、同じような結果になりました。

私たち日本人は他者との関係性が幸せ感情を決めるうえでの鍵になり、個人だけの幸せでは決められないと考える傾向があります。そこが欧米のような個人の自立や個性尊重の文化とは大きく異なります。

何のために仕事をするのかという幸福感情の根幹にかかわる違いも、当然ながらほかの行動選択の違いに表われてくるはずです。日本では会議で意見を言わない傾向がみられますが、そこにも合理的な理由があるわけです。だとすると、会議でみなが思うことを言えるようにする方法も、欧米と同じと考えるのは早計すぎることがわかります。

たとえば、会議では上司が優先して意見を言う、などの「隠れたルール」があります。そのような暗黙のルールは「暗黙知」として、企業文化・風土となっているため見えません。そうした暗黙知をマニュアルなどの形で文書化し、「形式知」にすることも必要ですが、その知識を方向づけるメンタルモデルは簡単には見える化できません。チーム営業でもノウハウを共有できず、チーム力を個人の足し算的なものとみなしがちです。

そうした能力観の背後にあるものは何でしょうか。それは人の行動の結果として表われる成果が、その能力の結果そのものとみなす見方です。一般によく行なわれる能力診断や適性診断では、こうした偏った能力観を軸にして評価していることがよくみられます。診断自体はよくできていても、それを判断する側の人事やアセッサーの担当が、科学的な根拠や専門性があるとはいえない現状があるからです。各種の能力評価がチェックリスト式に行なわれても、その統計データの見方や背後の状況との関連などを考慮できず、固定的な能力とみなしてしまいがちです。

企業における評価としては、人事考課がよく知られています。上司によるＯＪＴとして実際に立ち合う形で行なわれる場合もありますが、評価される当人からすると、そのような場での行動は、普段と同じものにはなっていないはずです。上司によく見せて「褒められたい」という動機が働いてしまうからです。これは関係性を自己の幸福感情の基礎におく日本人からすると、当然のことだと考えられます。

そこで、一歩進んで評価の発想自体を変えてみます。たとえば、同志社大学の太田肇教授は相手を「褒める」より、「承認すること」が重要だと述べています。褒めることが必要な場面はありますが、それは上から目線になりがちだというのです。

「承認」は、相手の人格を否定することなく行動における改善を求めるものです。常に可能性を信じることを「認める」ものです。実践にあたっては、カウンセリングでいう「コンプリメント」(心理的な褒め言葉)と同様に、相手を褒めたり励ましたりする助言的なコトバを用います。

人の評価にあたっては、個人の自己成長の視点は不可欠ですが、それだけに目を向けることは、カウンセリングの仕方としてはよくても、ビジネス心理学での解決法ではありません。そこから一歩踏み出し、当人の自己成長と組織のカイゼンの両方の視点から評価をすることが、ビジネス心理学式の評価観だからです。

能力開発の心理5

ビジネス心理式コーチングの手法

一般のコーチングでは次のような「ＧＲＯＷモデル」を使って、クライアントが考えや行動を変えていけるようにサポートしていきます。何らかの「問題」に対して、まず最初に目標設定を行ない、ＧＲＯＷのサイクルを回しながらクライアントの目標達成を支援していくわけです。

Ｇ：Goal（目標）
Ｒ：Reality（現状）
Ｏ：Options（選択肢）

W：What, When, Who, Will（何を、いつ、だれに、どうしたい）

では、ビジネス心理学式コーチングはどうでしょうか。GROWモデルと比べて、目標の実現を促進させる「仕組み」を設計することと、自己の「強みの理解」が加わった独自のモデルです。GROWモデル同様に頭文字に置き換えると、「SGRIOW」となります。

S：Strength（強み）
G：Goal（目標）
R：Reality（現状）
I：Institution（仕組み）
O：Options（選択肢）
W：What, When, Who, Will（何を、いつ、だれに、どうしたい）

このモデルでは、まず当人の強みを理解し、それにふさわしい目標設定をし、現状と照らしながら、可能性を広げる仕組みを考え、選択肢を選びWを決める、といった手順になるわけです。

実際のコーチングでは質問シートを利用します。質問シートはポジティブ心理学者ダイアナ・ホイットニーらの「ＡＩ」（Appreciative Inquiry）の手法などを応用して作成されました。質問の一般的な手順を表わしたサンプルが、「強み質問シート」です。

質問はインタビュー形式で行なうために、まず最高に良い体験の意味を知るようにすること、ストーリーやメタファーを使う形でのコミュニケーションを心がけるよう留意します。また問いは、五つのビジネス心理のコア指標（ＡＱ＝行動力、ＳＱ＝社会関係力、ＥＱ＝感情力、ＩＱ＝知力、ＯＱ＝目標力）をベースに、強みを引き出せるよう設定します。

ここで示した質問シート例はコーチング用ですが、別途新たにビジネス心理学会監修で「仕事力アセスメント」（WFA：Workforce Assessment）を開発しています。六十の質問項目と五つのコア指標からなるもので、サイト上からも診断できるようになる予定です（詳細は「日本ビジネス心理学会」サイト参照）。

さらに、コーチングで留意したいことは、コーチ側が自覚なしに相手に制限を与えてしまうことです。質問の言語表現自体が制約となると同時に、その意図に応じて質問された側が「選択的注意」（特定の焦点に注意を向けさせること）を働かせてしまいます。次の具体例で考えてみましょう。

強み診断で有名なアメリカのギャラップ社が開発した診断ツール「ストレングスファイ

ビジネス心理式コーチング

「強み」質問シート

1．いまの仕事で一番楽しかった経験はどのようなことですか。

2．成功した仕事経験をイメージしながら、何が成功要因だったか話してください。

3．リーダーとして理想の姿をイメージして、そこでは自分の価値観がどのように反映されているかを話してください。

4．10年後の自分の理想のあり方が「こうなっている」と思い浮かべてください。

AQ　それが実現されたときに、どのような行動をとっていますか
SQ　それが実現されたときに、だれとどのような形でいますか
EQ　それが実現されたときに、どのような気持ちになっていますか
IQ　それが実現されたときに、どのような考え方をしていますか
OQ　それが実現されたときに、めざしている目標は何ですか

5．まずは小さな一歩を踏み出すために始めたらいいと思うことは何ですか。

AQ　それを始めるときは、どのような行動をとっていますか
SQ　それを始めるときは、だれとどのような形でいますか
EQ　それを始めるときは、どのような気持ちになっていますか
IQ　それを始めるときは、どのような考え方をしていますか
OQ　それを始めるときは、どのような目標をめざしていますか

ンダー」では、「アレンジ、運命思考、回復志向、学習欲、活発性、共感性、競争性、規律性、原点思考、公平性、個別化、コミュニケーション、最上志向、自我、自己確信、社交性、収集心、指令性、慎重さ、信念、親密性、成長促進、責任感、戦略性、達成欲、着想、調和性、適応性、内省、分析思考、包含、ポジティブ、未来志向、目標志向」の三十四の強みをリストにあげています。

これが日本人に適しているかを考えるときに、この三十四項目には過不足があることに気づくはずです。私が国内調査したなかでも「あなたの強みは何か」と問うと必ず出てくるのが「謙虚」でした。しかしこれは、三十四項目には見当たりません。

ストレングスファインダーの診断基準となる元データは、アメリカの保険会社の営業マンを対象とする調査にもとづいています。しかも三十年以上も前にアンケートと聞き取り中心で実施されたものです。そのため質問内容に「謙虚」を取り上げたものはほとんどありません。欧米人からすると「謙虚」は強みとはみなされないからです。

こう説明されると当たり前と思うかもしれませんが、日本では人材系コンサルタントが強み診断としてこの診断ツールを利用しています。**こうした心理学分野での欧米信仰は根深いものがありますが、日本独自の課題や特徴をよく理解していくことが必要でしょう。**

ブックガイド

【第一章】

クリストファー・ピーターソン『ポジティブ・サイコロジー』春秋社

齋藤勇・匠英一監修『ビジネス心理検定試験公式テキスト1―基礎心理編』中央経済社

佐伯胖・佐々木正人編『アクティブ・マインド』東京大学出版会

佐伯胖『コンピュータと教育』岩波新書

サム・サマーズ『考えてるつもり』ダイヤモンド社

匠英一『認知科学―最強の仕事力』高橋書店

匠英一『これだけは知っておきたい「心理学」の基本と実践テクニック』フォレスト出版

匠英一『仕事の厄介な問題は心理学で解決できる』河出書房新社

マーティン・セリグマン『ポジティブ心理学の挑戦』ディスカヴァー・トゥエンティワン

森俊夫・黒沢幸子『解決志向ブリーフセラピー』ほんの森出版

リチャード・シェル『ウォートン・スクールの本当の成功の授業』ディスカヴァー・トゥエンティワン

リチャード・ワイズマン『その科学があなたを変える』文藝春秋

【第二章】

シーナ・アイエンガー『選択の科学』文藝春秋

ジェラルド・ザルトマン『心脳マーケティング』ダイヤモンド社

戸梶亜紀彦・匠英一監修『ビジネス心理検定試験公式テキスト3―マーケティング心理編』中央経済社

匠英一『心理マーケティング』日本能率協会マネジメントセンター

匠英一『顧客見える化』同友館

デイビッド・ルイス『買いたがる脳』日本実業出版社
ニール・マーティン『「習慣で買う」のつくり方』海と月社
バーンド・H・シュミット『経験価値マーケティング』ダイヤモンド社
平久保仲人『消費者行動論』ダイヤモンド社

【第三章】

上野直樹『仕事の中での学習』東京大学出版会
エティエンヌ・ウェンガーほか『コミュニティ・オブ・プラクティス』翔泳社
太田肇『お金より名誉のモチベーション論』東洋経済新報社
ケリー・マクゴニガル『スタンフォードのストレスを力に変える教科書』大和書房
ケリー・マクゴニガル『スタンフォードの自分を変える教室』大和書房
ショーン・エイカー『成功が約束される選択の法則』徳間書店
山口生史・匠英一監修『ビジネス心理検定試験公式テキスト2—マネジメント心理編』中央経済社
下山博志・匠英一『プロコンサルタントの人財変革力』同友館
ダニエル・ピンク『モチベーション3・0』講談社
ダン・アリエリー『ずる—嘘とごまかしの行動経済学』早川書房
デビッド・L・クーパーライダーほか『AI—「最高の瞬間」を引き出す組織開発』ＰＨＰ研究所
ドナルド・A・ノーマン『誰のためのデザイン？』新曜社
中原淳編著『企業内人材育成入門』ダイヤモンド社
ハイディ・グラント・ハルバーソン『やってのける』大和書房
ユーリア・エンゲストローム『拡張による学習』新曜社
ロイ・バウマイスターほか『WILLPOWER 意志力の科学』インターシフト

匠　英一（たくみ・えいいち）
東京大学大学院教育学研究科を経て同大学医学部研究生修了。1990年に（株）認知科学研究所を東京大学医学部の研究者らと設立。現在、デジタルハリウッド大学教授、日本ビジネス心理学会副会長、（株）人材研究所顧問など。異業種を結ぶ事業企画と人材育成、販促プロジェクト推進を強みとし、人事・組織改革のコンサルタント業務に従事。中央職業能力開発協会のPC検定推進、通信機器販売会社の営業企画部長職を経験するなかでCRM協議会などを企画・創設。著作は50冊に及びテレビのレギュラー出演も多数。
連絡先：takuei@netlaputa.ne.jp

ビジネス心理学《しんりがく》
—42の具体例で学ぶ顧客の心のつかみ方、組織変革の促し方

著者◆
匠　英一

発行◆平成28年11月20日　第1刷

発行者◆
讃井暢子

発行所◆
経団連出版
〒100-8187 東京都千代田区大手町 1-3-2
経団連事業サービス
URL◆http://www.keidanren-jigyoservice.or.jp/
電話◆［編集］03-6741-0045［販売］03-6741-0043

印刷所◆平河工業社

ISBN978-4-8185-1607-6 C2034